켈리가 했다면 당신도
반드시 할 수 있습니다.

김리천

WEALTHINKING

부를 창조하는 생각의 뿌리

WEALTHINKING
웰씽킹

켈리 최 지음

10억 빚더미를 연매출 6,000억과 맞바꾼 부의 원리

"왜 누구는 부자로, 누구는 빈자로 사는가? 그 모든 비밀은 웰씽킹에 있다!"

있는 그대로의 내 모습이

눈부신 기적이라는 것을 깨닫게 해 준

사랑하는 나의 동반자 제롬 카스탕에게

이 책을 바칩니다.

"부자가 되고 싶다면, 부자의 생각을 체득하라."

내가 켈리와 그녀의 남편 제롬을 처음 만난 건 대형 마켓 안에 위치한 부부의 매장 앞에서였다. 나는 당시, 철옹성이라 불리던 프랑스 최대 대형 마켓인 C사를 최초로 뚫고 들어간 그들이 누구인지 궁금했다. 무엇보다 C사에서는 도대체 어떤 특별함을 느껴서 이들에게 매장의 운영 권한을 주었는지 궁금했다.

나는 켈리 부부를 만나자마자, 왜 세계 최강의 경영 조합이 이들을 슈퍼 안에 들어오게 허락했는지 단번에 느낄 수 있었다. 켈리는 혁신적이며 도전하기를 마다하지 않는 사람이었다. 언제나 당당했고, 안 된다고 말하는 법이 없었다. 그저 자신이 깨달은 것을 실천하며 세상을 조금 더 살만한 곳으로 만들기 위해 노력했다. 나는 나중에 그것이 진정한 부를 이룬 밑바탕인 부의 생각, 곧 웰씽킹이었다는 걸 알게 되었다.

나는 웰씽킹으로 공헌하겠다는 그녀의 새로운 도전이 비상하길 바란다. 무엇보다 그녀가 죽음을 생각할 정도로 어려웠던 시절에, 그녀를 다시 일으켜 세운 이 도구가 한국 독자들에게도 큰 위로이길 소망한다. 그런 의미에서 부자가 되고 싶다면, 부자의 생각을 체득하라고 조언하고 싶다. 결국 그 분야에서 제대로 성공한 사람만이 의미 있는 메시지를 줄 수 있기 때문이다.

진정 부자가 되고 싶은가? 그럼 이제 켈리가 깨닫고 실천한 대로 따라 하라. 이 책에 담긴 그녀의 메시지가 당신이 그토록 원하던 부의 세계로 인도할 것이다.

드니 하네칸 Denis Hannequin
(전 유럽 맥도날드 CEO, 현 프렌치 푸드 캐피털 공동창업자)

"어떻게 부를 창조하는
열쇠를 얻을 것인가?"

저자와 만나 '부'에 대해 논했던 지난날이 떠오른다. 당시 내 아이를 어떻게 부자로 키울 것인지 심도 있는 이야기를 주고받았고, 따님의 주니어펀드 가입을 도와드렸던 기억이 난다. 저자와 내가 서로 공감했던 부분은, 자녀에게 전수할 부의 철학이 지금의 방식에서 완전히 탈피하여 새로운 장을 열어야 한다는 것이었다. 그렇다면 그 새로운 장을 열기 위한 부의 열쇠를 어떻게 얻을 수 있을까?

오늘날 대한민국이 어느 쪽으로 가고 있는 것인지 걱정

부터 앞선다. 개개인의 삶을 보면 자본주의의 개념, 주식과 부동산의 투자 등에 있어서 잘못된 편견이 뿌리 박혀 있다. 한 가지 확실한 건, 계속 이대로 가다가는 너무나 많은 사람이 고통을 맞게 될 것이라는 사실이다.

이런 상황에서 벗어나려면 개개인이 성숙한 부자가 되려고 노력해야 한다. 그 시작은 결핍의 생각을 풍요의 생각으로 전환하는 데 있다. 테슬라 같은 기업을 왜 우리는 만들 수 없다고 생각하는가? 일단 아이들에게 학교 수업이 끝나면 학원에 가서 보충하고, 안정된 직업을 갖는 것을 목표로 가르치는 일부터 멈춰야 한다.

저자가 걸어왔던 길처럼 우선 자신이 좋아하는 분야의 최고가 되는 것에 몰두해야 한다. 그것을 발판으로 사업과 창업을 꿈꿔야 한다. 우리 아이들은 엄청난 부자가 될 수 있는 세상에 태어났다. 생각이 변해야 한다. 먼저 부모부터 부자가 되어야 한다. 변화의 시작은 바로 당신이고, 이 책이 큰 도움을 줄 수 있다고 생각한다.

이제 와서 무슨 부자냐고 스스로 포기하지 마라. 아직 늦지 않았다. 코로나19가 우리를 흔들었듯 사람은 고통이 와야 생각을 바꾸게 된다. 하지만 하나의 생각을 바꾸기란 별로 어렵지 않다. 누군가 이미 고통 따위는 다 겪어 놓은 진리의 방법을 알려준다면, 당신은 어떻게 하겠는가?

부자들이 부를 이루기 위해 가장 먼저 시도했던 것은 생각의 전환이었다. 성공적으로 자신의 뜻을 이룬 부자들은 이론에 집착하지 않는다. 판단과 결정을 바르게 하고 곧바로 행동할 뿐이다. 그런 의미에서 이 책『웰씽킹』은 경제적인 고통에서 벗어나고 싶은 사람들에게 큰 희망이 되리라 믿는다.

존 리 John Lee

(전 메리츠자산운용 대표이사, 『존리의 금융문맹 탈출』 저자)

하나 되어
더 깊어진 뿌리처럼

『웰씽킹』100쇄 돌파를 매우 영광스럽게 생각한다. 흔히 책은 작자의 손을 떠나는 순간 자신의 일생을 시작한다고 한다. 『웰씽킹』이 독자 한 사람 한 사람에게서 부의 싹을 틔워 종국에는 풍요롭고 아름다운 생각의 정원을 일구어내기까지 거쳤을 그 숱한 여정을 가만히 그려본다.

100쇄, 20만 부가 넘게 이 책을 읽어주셨다. 정말 가슴 떨리게 큰 숫자다. 얼마나 많은 사람이 꿈을 현실로 이루려는 간절한 마음으로 이 책을 집어 들었을까. 그리고 이 책에서 자신의 길을 발견하고 기적을 체험하기 위해 얼마만큼 노력했을까. 이 책의 생명력을 이어준 수십만 명의 독자 중 누군가는 갖은 역경에 갈피를 잡지 못해 절박한 마음으로, 누군가는 강한 열망에 사로잡혀 달뜬 마음으로 책장을 펼쳤을 것이다. 때때로 무너지고 쓰러졌을 테지만, 절대 포기하지 않는 강인한 마음으로 지금까지도 이 책을 찾아준 독자 여러분 덕분에 100쇄 돌파라는 기적을 경험할 수 있었다. 이 작은 지면을 빌려 진심으로 감사의 마음을 전한다.

나는 지난 수년간 성공과 성취보다는 실패와 좌절을 더 많이 경험한 사람이다. 내가 사업에 실패해 빚을 졌을 때, 누가 보더라도 그대로 주저앉아 포기하는 게 당연하다고 여길 정도로 참담했다. 하지만 나는 그럴 때마다 단 하나의 마음을 다짐하고 또 다짐했다. 그것은 바로 '스스로를 귀하게 여기는 마음'이었다. 매번 부딪히고 깨졌지만 매일 나 자신을 사랑한다고 고백하며 희망이란 꽃을 부단히 피워냈다. 지금 이토록 화려하게 만개한 내 모습은 그럼에도 불구하고 나를 귀하게 여겼던 마음이 이뤄낸 쾌거다. 돌아보면 이 마음은 늘 희망이 없는 곳에서 싹을 틔워냈다.

세상 모든 사람이 죽을 만큼 열심히 산다. 하지만 자신을 귀하게 여기지 못하면 인생의 고통과 역경, 실패와 좌절 앞에서 다시 일어설 수 없다. 그렇기 때문에 성공으로 가는 길의 시작은 '나를 귀하게 여기는 마음'임을 잊지 않아야 한다. 그래야 귀한 인생으로 변모할 수 있다.

나는 지금 놀라운 자연과 문화를 품은 아이슬란드에서 이 서문을 쓰고 있어 감회가 더욱 새롭다. 이 땅은 북극권의 조용하고도 위대한 보석 같은 곳인데, 이곳에서 볼 수 있는 울퉁불퉁한 산맥, 얼어붙은 강과 화산의 흔적들은 오랜 세월의 풍파를 견뎌낸 증거다. 이 증거들을 천천히 음미하다 보면 가슴에서 움트는 뜨거운 눈물을 참아낼 수 없을 정도다.

얼음의 땅이라는 이름의 아이슬란드는 과거의 영광과 현대의 혁신이 만나는 곳이다. 그래서 이곳을 찾는 사람들은 세계 각국의 언어로 '기적'이라는 말을 곧잘 표현한다. 옛것과 새것이 만나 강인한 정신을 창조하는 데 기적이라는 말을 쓰지 않을 수 없다. 그런 의미에서 『웰씽킹』 100쇄 돌파 또한 나의 옛것과 독자들의 새것이 만나 이룬 기적이다.

무엇보다 '기적'이라고밖에 부를 수 없는 오늘에 경이와 감사를 표하지 않을 수 없다. 이는 나 자신에게도 의미가 깊다.

이런 기적을 이룰 수 있었던 것은 '웰씽킹', 즉 풍요의 생각을 지탱하는 뿌리가 튼튼했기 때문이다. 『웰씽킹』은 진정한 부자의 반열에 도달할 방법을 집대성한 것이다. 누구나 부자가 될 수 있지만 아무나 부자가 되지는 않기에, 웰씽킹의 의미와 가치를 깨달을 수 있는 길을 제시했다. 책을 출간한 이후 수만 명의 독자에게 편지를 받았고, 수만 명의 독자를 직접 만났다. 우리는 함께 자기 인생의 의미를 찾고, 진정으로 가치 있는 삶이 무엇인지 생각했다. 그 결과, 수많은 사람이 웰씽킹을 실천하며 또 다른 성공의 모범이 되고 있다. 나는 이 책이 자신의 인생을 바꿔주었다는 독자들의 고백을 거의 매일 듣는다. 어떤 작가도 이 이상의 보상을 바랄 수는 없을 것이다.

세계 곳곳에서 온 여행자들이 아이슬란드가 선보이는 황금빛 풀밭과 청명한 호수 그리고 신선한 공기를 자양분 삼아 자기만의 서사를 만들었듯이 『웰씽킹』은 더 이상 켈리

최만의 책이 아니다. 이 책은 저자의 소유물 그 이상으로 자라났다. 『웰씽킹』이 한국에서만 20만 부 이상을 인쇄한 데 그치지 않고 대만, 태국, 베트남에서까지 번역, 출간된 것이 이를 방증한다.

이제 우리는 웰씽킹이라는 뿌리로 단단히 묶여 있다. 내가 "생각을 바꿨을 뿐인데, 마치 새로 태어난 것 같은 기분이 들었다"라고 쓴 것처럼, 한 독자는 자기가 정말 힘들 때 이 책을 읽었다면서 "책을 읽었을 뿐이었는데 새로 태어난 것 같았다"라고 고백했다. 다른 독자는 "살면서 책을 아껴서 읽고 싶은 마음이 든 것은 처음이었다"라는 호평을 남기기도 했다. 나는 크게 감동했다. 더 많은 사람이 '웰씽킹'을 몸과 마음에 새겼으리라는 확신 때문이었다. 이처럼 웰씽킹은 많은 이에게 인생의 원리로 체화되고 확장되고 있다. 더 많은 우리가 모일수록 우리의 뿌리는 깊어질 것이다.

『웰씽킹』이라는 책은, 그 자체로 '에너지 덩어리'다. 책의 첫 장을 쓰기 전에 품었던 원대한 마음가짐, 그리고 책을 다 쓰고 나서 느꼈던 충만함까지 독자에게 여실히 가닿기를 빌고 또 빌었다. 그렇게 탄생한 에너지 덩어리는 당신을 끌어당겼다. 당신이 그 에너지에 감응하여 어떤 계기로 이 책을 집어 들었다면, 그리고 책장 사이사이마다 쏟아낸 그 모든 진심과 마지막 장을 덮으며 느꼈던 벅참까지 경험했다면, 웰씽킹이라는 에너지 덩어리는 더 커졌을 것이다. 만일 두 번 세 번 이 책을 반복해서 읽는다면, 더 큰 에너지를 품을 수 있으리라 자신한다. 나는 이 에너지가 하나 되어 더 깊어진 우리의 뿌리를 통해 이 땅에 어떤 열매를 맺게 할지, 그리고 이 세상을 얼마나 풍요롭게 할지 생각하면 가슴이 뛴다.

나는 당신이 이 책을 읽고 또 읽고, 더 자주 선언하고 확언하면서 당신이 지닌 에너지의 파동과 영향력을 주변에 전달하기를 바란다. 이 책의 말미와 이 글의 서두에서 나는 "원하는 것을 얻으려면 먼저 당신부터 귀하게 여겨라"라고 했다. 한 책에서 같은 메시지를 두 번이나 강조한 것은 그만큼 중요하기 때문이다. 그러므로 눈앞의 고난을 이겨 낼 수 없다면서 당신의 인생을 하찮게 여기지 마라. 당신은 유일무이하고 가능성이 무궁무진한 귀한 사람이다. 생각을 바꾸어 부자가 되어라. 하지만 명심하라. 생각을 실제로 옮기는 딱 그만큼만 부자가 된다.

웰씽킹의 길은
언제나 여러분 앞에 열려 있다.
이 길을 걸어가며 더욱 풍요로운 삶과
의미 있는 결정을 이뤄내길 기원한다.

아이슬란드에서

켈리 최

"내가 나아가야 할
새로운 길을 깨달았다!"

"어! 이게 뭐지?"

바다 위에서 한가롭게 낮잠을 자다 눈을 떴는데, 긴 수염이 달린 뭔가가 큰 눈으로 나를 말똥말똥 쳐다보고 있었다. 그놈이 어찌나 저돌적인지 거의 내 코끝에 닿을락 말락 했다. 정신을 차려보니, 배 천장의 작은 창문으로 나를 내려다보고 있던 바다사자였다. '서로 코 뽀뽀라도 하자는 걸까?' 바다사자는 마치 덩치가 큰 남편이 딸에게 "코 뽀뽀!"라고 말하면, 서로 코끝을 맞추는 것처럼 다정한 장면을 연출하

곤 했다.

코 뽀뽀 바다사자는 가족들까지 데려와 며칠째 우리 배에서 시간을 보내고 있다. 우리가 밥을 먹고 시간을 보내는 테이블 소파에 엉덩이를 밀고 들어와 마치 여행이라도 온 듯 바다로 놀아갈 생각이 전혀 없어 보인다.

나는 가족들과 세일링 요트를 타고 세계여행 중이다. 지금은 새들과 바다 동물들의 지상 낙원이라고 불리는 동태평양의 갈라파고스제도에 와 있다. 요트를 타고 유럽과 카리브해를 지나 남아메리카를 거쳐 이곳에 오기까지, 비행기로는 갈 수 없는 수많은 섬을 지나왔다. 그 과정에서 자연의 웅장함과 신비함을 만끽했고, 대자연의 품에서 자란 희귀한 동물들을 만나는 큰 축복을 누렸다.

이곳 갈라파고스에 오기 전, 잠든 가족을 대신해 밤바다에서 홀로 돛을 지키고 있노라면 세상에 바다와 하늘 그리고 나뿐인 것 같았다. 그 순간 수백 개의 빛들이 칠흑 같은 바다를 환하게 비추며 내 곁을 쏜살같이 지나쳐 갔다. 이 신비한 광경이 무엇인지 알 수 없었다. 가까이 다가가자 달덩이만 한 해파리 떼가 형광빛을 내며 바다에 둥둥 떠 있었다. 내가 바다 위에서 본 가장 아름다운 장면 중 하나였다.

때로는 수많은 돌고래 떼가 우리 곁을 지켰다. 엄청난 크기의 가오리 떼나 상어 떼와 함께 느릿느릿 수영하며 내 인생에서 볼 수 없었던 진짜 아름다움을 마주할 수 있었다. 우주와 바다가 이토록 아름다웠던가? 이 아름다움의 정체는 무엇인가? 아름다우면서도 충만한 이 감정은 무엇일까? 세계 곳곳을 요트로 여행하는 동안 내가 받은 선물은 나와 우리 가족, 우주가 하나임을 생생하게 깨닫게 해주는 지극한 조화였다. 이 지극한 조화에서 흘러나온 평온과 안심은 내 안의 콤플렉스와 욕망의 마지막 찌꺼기까지 우주의 별빛 속에서 녹아내리게 했다.

하늘에는 별빛이 찬란했다. 우리는 저마다 고독한데 하나로 연결된 듯했다. 저 하늘이 있어 별이 빛나고 바다가 출렁이며, 어디선가 바람이 일어 요트는 앞으로 나아가고 있었다. 이상도 하지, 그들이 나에게 새로운 길을 일러준 것은 아니다. 돌고래 떼는 바람에 따라 속도를 내는 우리 요트 곁에서 말없이 달렸을 뿐이고, 별은 무심히 환한 빛을 내 머리 위로 드리웠을 뿐이다. 그런데 망망대해에서 단독으로 마주친 대자연이 내 마음을 뒤흔들었고, 나는 내가 나아가야 할 새로운 길을 깨달았다.

나는 지방의 가난한 농가에서 태어난 흙수저 중의 흙수저였다. 부모님은 매일 눈코 뜰 새 없이 일하며 우리 육 남매를 힘겹게 키워야만 했다. 내가 보고 배운 것은 소처럼 일하고도 다음 끼니와 육성회비를 걱정해야 하는 농부의 삶뿐이었다. 고등학교에도 갈 수 없어 소녀공으로 낮에는 공장에서 일하고, 밤에는 야간 고등학교에서 공부하며 힘겨운 시절을 보냈다. 게다가 난독증이 심해 제대로 읽지 못한 탓에 성적은 늘 밑바닥을 맴돌았다. 성인이 되어 어쩌다 시작하게 된 사업으로 10억 원의 빚만 떠안게 되었다. 그때 내 나이가 30대 후반이었다. 그런 나에게 어떤 희망이 있었을까? 차라리 죽는 게 더 낫다고 생각한 날들이었다.

하지만 나는 그 순간에도 삶을 포기하지 않았다. 다시 한 번 엄마를 위해 살아내겠다고 굳게 마음먹었다. 예전의 나를 버리고 새로운 사람으로 재탄생하기 위해 뼈아프지만 내 실력이 부족했다는 사실을 정직하게 인정했다. 그리고 나와 비슷한 배경과 실패를 딛고 성공한 1000명의 부자를 공부하기 시작했다. 나는 부자들의 공통된 사고방식을 하나씩 따라 하고 완전히 체득했다. 그 결과, 5년 만에 내가 목표했던 모든 것을 이루게 되었다. 10억 원의 빚을 안고 파리의 센강에 몸을 던져버리겠다던 실패자에서 6천 개의 일자리를 창출하고 12개국 30개가 넘는 비즈니스와 계열사를 거느린 글로벌 기업 회장으로 다시 태어난 것이다.

이러한 성장을 가능케 했던 것이 부Wealth의 생각Thinking, 웰씽킹Wealthinking이다. 나는 부자들이 했던 방법을 그대로 따라 하면 나도 그렇게 될 수 있다고 믿었다. 믿음에서 그치지 않고 몸소 실천한 결과 5년 만에 내가 100년을 일해도 못 이룰 거대한 부를 갖게 되었다.

대부분 부자가 되길 원하지만 아무나 부자가 될 수 없는 이유는 부자들의 도구를 모르기 때문이다. 바다에 나가고자 하는 사람이 주야장천 자동차 운전 연습만 한다고 바다에 나갈 수 있겠는가. 오기와 객기로 자동차를 몰고 바다로 뛰어든다고 한들 무슨 의미가 있겠는가. 일만 열심히 해도 부자가 될 수 있다면 이 세상 누구보다도 우리 엄마가 먼저 부자가 되어야 했다. 부자가 되려면 부자가 되는 법을 공부해야 하고, 돈을 벌려면 돈 버는 법을 공부해야 한다.

이 책 『웰씽킹Wealthinking』은 부를 창조한 사람들이 갖고 있는 생각의 뿌리를 이해하고 체득하기 위해 '풍요의 생각'을 이야기하는 책이다. 풍요의 생각은 결핍의 생각과 반대되는 개념이다. 풍요의 생각이나 결핍의 생각이나 모두 에너지이지만, 그 방향성은 정반대다. 결핍의 생각은 과거에 잡혀 있다. 풍요의 생각은 현재와 미래로 향한다. 그래서 결핍의 생각은 당신의 인생을 제한하고 당신을 벽에 가둔다. 풍요의 생각은 인생의 지평을 넓히고 당신의 벽을 부순다.

당신의 인생을 제한하는 벽은 세상에 대한 믿음, 타인에 대한 믿음, 나 자신에 대한 믿음에서 생기는 고정관념이다. 부자들은 이 세 가지 벽을 부순 멘탈의 소유자들이다. 당신도 내가 그랬던 것처럼, 이 세 가지 벽을 부수고 당신의 인생을 풍요롭게 만들어야 한다. 그런 의미에서 나는 인생의 밑바닥에서 나를 구원한 건 부자들의 사고방식, 웰씽킹이었다고 힘주어 말할 수 있다.

나는 부자들의 사고방식, 습관, 돈에 대한 태도, 돈을 버는 법칙 등등 내 인생의 지축을 흔들어 놓았던 부자들의 생각의 뿌리를 몸으로 체득했다. 그 과정에서 생생하게 배운 내용을, 간절히 성공을 꿈꾸는 분들에게 전해드리고 싶었다.

사람들은 흔히 결과물만 보고 판단하고 쉽게 포기한다. 하지만 결과물이 산출된 뿌리를 온전히 내 것으로 만들 수 있다면 포기할 수 없게 된다. 생각의 뿌리를 제대로 내리면 절대 흔들리지 않는 삶을 살 수 있기 때문이다. 성공하고 싶거나 시간의 자유를 이루고 싶은 사람, 무엇보다 부자가 되고 싶은 사람들에게 이 책이 큰 도움이 될 것이라 자부한다. 진심으로 성공을 바라는 이들에게 한 줄기 목마름의 갈증을 해결해주는 오아시스 같은 선물이 되었으면 좋겠다.

바라던 삶에 가까워져라.
부자가 될 사람은 따로 있고,
이제 당신 차례여야만 한다.

켈리 최

차례

제1부 — 인생의 밑바닥에서 싹튼 부의 씨앗

제2부 ― 부를 창조하는 생각의 뿌리, 웰씽킹

제1부

인생의 밑바닥에서 싹튼
부의 씨앗

그녀의 죽음으로부터
시작되었다

한성실업, 나의 첫 직장. 그곳은 열여섯이었던 나의 일터였고 집이었다.

전북 정읍에서 버스를 타고 저녁 무렵 서울 답십리에 도착했다. 난생처음 버스를 탄 나는 차멀미 때문에 정신이 혼미했다. 중학교를 갓 졸업한 소녀들이 버스에서 우르르 내렸다. 내일부터 '공순이'로 불리게 될 이 소녀들은 누군가의 안내를 받고 낯선 건물로 발길을 옮겼다.

한 층 전체가 기숙사였던 건물에는 좁은 복도를 사이에

두고 10여 개의 방이 있었다. 각자 거처할 방을 찾아 이리 저리 살피던 소녀들의 눈길에는 불안과 기대가 뒤섞였다. 방에 들어서자 3층 철제 침상이 끝도 없이 놓여 있었다. 말이 좋아 침상이지 판자 패널로 짜놓아 등을 대고 누우면 딱딱한 바닥에 누운 것이나 다름없었다.

침상은 너비가 1.1미터, 길이가 1.8미터쯤 되었다. 각 층의 높이가 80센티미터밖에 되지 않아 침상에 앉아 있으면 천장에 머리가 닿을락 말락 했다. 딱 그만큼이 한 사람에게 주어진 공간이었다.

한 방에 3층짜리 철제 침상이 12개씩 있었다. 이 캡슐처럼 생긴 작은 방에 서른여섯 명의 소녀들이 모두 들어오자 발 디딜 틈 없이 빽빽해졌다. 좋으나 싫으나 어린 여공들은 닭장에 갇힌 듯 살아가야 했다. 정말 낯선 풍경이었다.

나는 옷 보따리를 침대 위에 내려놓았다. 당연히 기본적인 생필품은 준비되어 있을 것이라 생각했다. 그러나 이불은 물론 수건과 대야, 비누, 치약, 칫솔 같은 세면도구도 각자 준비해야 했다. 가장 큰 문제는 이불이었다. 방 전체에 난방이 되긴 했지만 겨울로 넘어가는 12월의 싸늘한 냉기를 이불 없이 이겨내기란 쉽지 않았다. 베개도 없어 옷 몇 개를 겹쳐 겨우 머리를 뉘었다.

홀로 고향을 떠나온 첫날 밤, 이곳이 낯설고 무서워서 좀처럼 잠이 오지 않았다. 엄마가 너무 보고 싶었다. 나는 어릴 때부터 엄마가 눈에 보이지 않으면 잘 울었다. 엄마가 들에서 일을 하고 있다는 사실을 확인한 뒤에야 울음을 그치곤 했다. 엄마 없는 밤이 이렇게 무서울 수 있다니…. 그렇다고 다시 고향으로 돌아갈 수는 없었다.

피곤에 지쳤는지 여기저기서 이 가는 소리와 코 고는 소리가 들렸다. 밤이 깊을수록 한기가 몸에 사무쳤다. 갓난아이처럼 몸을 잔뜩 웅크린 채 긴긴밤을 보내는 동안 어린 마음에 '이러려면 왜 나를 낳았을까?' 하는 부모님에 대한 원망이 치솟았다. 추위에 잠이 깰 때마다 내가 세상에서 제일 불행한 사람 같았다.

다음 날 급한 대로 치약과 칫솔, 비누를 샀다. 내 수중엔 7천 원뿐이라 이불과 베개는커녕 세숫대야를 살 엄두도 내지 못했다.

첫 월급을 받기 며칠 전, 누가 공장으로 나를 찾아왔다.

언니와 오빠였다. 나보다 더 어릴 때 서울로 와 고생했을 언니, 오빠는 나를 보자마자 와락 끌어안았다. 언니와 오빠는, 내가 답십리 장미극장 근처 와이셔츠 공장에 있다는 말만 듣고, 쉬는 날마다 나를 찾는다고 온 동네를 다 뒤지고 다녔다고 했다. 이제야 찾아와 미안하다는 말과 함께 눈물을 흘렸다. 나도 시골에서는 좀처럼 보기 힘들었던 언니와 오빠를 보니 너무 반가워서 엉엉 울고 말았다.

하루 종일 함께 있어도 몇 마디 말밖에 안 하는 무뚝뚝한 오빠도 그 큰 눈이 빨개지며 그렁그렁 눈물이 차올랐다. 형제자매가 있다는 것이 이렇게 좋은 일인지 그제야 알았다. 그날 나는 정말 행복했고 고맙고 기뻤다. 그 당시에는 나보다 먼저 독립한 언니, 오빠의 모습이 세상에서 가장 멋있어 보였다.

처음 공장에 갔을 때, 나는 주눅이 들다 못해 아주 오그라들어 있었다. 나는 서울에 오기 전까지 시골 어른들이 입버릇처럼 말씀하시던 '서울에서는 눈 감으면 코 베어 간다'라는 말을 진짜 믿었다. 그래서 항상 긴장한 채 눈을 휘둥그레 뜨고 다녔다. 아무것도 뺏기지 않겠다는 집념, 무엇보다 소중한 내 코는 절대 내줄 수 없다는 일종의 생존 의지였다. 나뿐만이 아니라 거기 있었던 어린 여공들은 모두 같은 심정이었을 것이다. 이렇게 심리적으로 불안한 상태에서 언니와 오빠를 만나다니, 그야말로 천군만마를 얻은 기분이었다.

"뭐 필요한 거 없니?"

"언니, 나 이불하고 베개랑 세숫대야 좀 사 줘."

그 말을 듣자마자 나를 물끄러미 바라보던 언니가 눈물을 흘리며 진작 찾아오지 못해서 미안하다고 말했다. 언니의 눈물을 보자 나도 다시 눈물이 터졌다. 언니는 이불도 없이 추위를 견뎠을 내가 안쓰러워 감정을 주체하지 못했다. 그날 밤, 서울에 온 지 거의 한 달 만에 나는 이불을 덮고 깊은 잠을 잘 수 있었다. 새벽같이 일어나 온종일 일하고 야간 수업까지 듣고 나면, 밤 12시가 넘어야 잘 수 있어 몸은 고되고 잠은 모자랐다. 공장에 온 뒤로 제대로 잠든 것은 그날이 처음이었다. 누가 이를 갈고 코를 고는지, 이제 더 이상 아무 소리도 들리지 않았다. 언니와 오빠가 사준 이불은 그렇게 나의 든든한 방패막이 되었다.

처음엔 많이 힘들었지만, 그래도 나는 다른 친구들과 다르게 언니와 오빠가 가까이 있어 공장 생활에 곧잘 적응했다. 공장에서 나 정도면 형편이 좋은 편이었다. 당시 내 월급은 6~7만 원 정도밖에 안 됐지만, 한성실업은 돈을 벌려고 선택한 회사가 아니었다. 나처럼 가난하지만 학업을 이어가고 싶은 소녀들을 야간학교에 보내준다는 명목으로 운영되는 회사이기도 해서 잔업이 없었다. 처음 하는 공장 일이 쉽지 않았지만 그렇다고 죽을 만큼 힘들지도 않았다. 일을 하는 덕분에 기숙사에서 먹고 자며 학교도 갈 수 있는 거니까. 학교에 갈 수 있다는 사실 자체가 나에게는 가장 중요했다.

공장 일은 아침 8시에 시작해서 오후 5시에 끝났다. 8시에 일을 시작하려면 아무리 늦어도 한 시간 전에는 일어나서 씻어야 아침밥을 먹을 수 있었다. 아침이나 저녁이나 세면장은 전쟁터 같았다. 몇 안 되는 수도꼭지에 이삼백여 명이 달라붙어 후다닥 씻어야 했다. 부지런하면 더 일찍 일어나 여유 있게 씻고 느긋하게 아침을 먹을 수 있었지만, 다들 잠이 모자라니 최대한 버티다 지각하지 않을 시간에 세면장으로 우 달려가곤 했다. 그러니 세면장은 항상 아수라장이 될 수밖에 없었다.

학교는 오후 6시에 시작했다. 오후 5시에 일이 끝나니 1시간이나 여유 있는 것 같지만 공장에서 학교까지 30분 남짓 걸렸다. 게다가 천을 만지는 일이라 일이 끝나면 머리며 옷이며 먼지가 뿌옇게 내려앉아서, 옷을 털고 씻는 일부터 가방을 챙기고 간단히 저녁까지 먹으려면, 아무리 오래 걸려도 모든 일을 20분 내에 끝내야 했다. 그래서 대망의 5시만 되면 한창때의 여자아이들이 우당탕탕 앞다투어 세면실로, 식당으로, 기숙사로 전력 질주했다. 다시 돌이켜보면 서글픈 장면인데 그때는 그마저도 즐거웠다.

이듬해 늦겨울이었다. 5시 30분, 여느 때처럼 공장 앞에는 우리를 학교로 실어 나를 버스들이 줄지어 있었다. 그날 나는 웬일로 일찍 버스에 탔다. 창밖으로 친구들이 무거운 치맛자락을 휘날리며 달려오고 있었다. 나는 소맷자락으로 차창에 서린 김을 닦고는 그 모습을 자세히 바라보았다. 나랑 가장 친한 친구 영숙(가명)이가 손에 무언가를 든 채 허겁지겁 달려오고 있었다. 손에 들린 건 보나 마나 백설기 빵과 우유였을 것이다.

영숙이는 눈처럼 하얀 백설기 빵을 좋아했다. 그날은 일이 좀 늦게 끝났거나 씻는 데 줄이 길어서 저녁을 먹지 못한 모양이었다. 그래도 밥을 먹는 것보다 학교에 가는 걸 더 좋아했던 친구였다. 그곳에 모인 우리들은 공부를 잘하는 친구든 그렇지 않은 친구든 학교 가는 것을 진정으로 사랑했다. 숨을 헐떡이며 버스에 올라탄 영숙이는 앞자리에 앉아 있던 내게 눈인사를 하고는 뒤쪽으로 얼른 걸음을 옮겼다.

그날, 어린 여공 영숙이는 버스에서 내리지 못했다. 버스가 학교에 도착했을 때 그녀는 이미 죽어 있었다. 백설기 빵을 급히 먹다 그만 빵 덩어리가 기도를 막은 게 이유였다. 요즘 같으면 웬만한 사람들도 기도가 막혔을 때는 뒤쪽에서 끌어안아 횡격막을 자극시켜 이물질이 튀어나오게 해야 한다는 것을 알고 있겠지만, 그때는 아무도 그런 지식을 알지 못했다. 버스 뒤쪽이 웅성웅성하더니 친구들의 울음소리가 들렸다. 응급처치도 받지 못한 채, 내 친구 영숙이는 차가운 주검이 되었다.

영숙이와 나, 그리고 몇몇은 가족이나 다름없었다. 살겠다는 집념 하나로 고향을 떠나 모인 그곳에서 우리는 서로에게 가족이나 마찬가지였다. 가정 형편이 다 고만고만했는데 영숙이의 집은 유독 어려웠다. 그래도 영숙이는 그늘 진 곳 없이 명랑했다. 우리 중에서 공부도 제일 열심히 하는 친구였다. 밥 먹을 시간도 없어 꾸역꾸역, 버스 안에서 밀어 넣은 백설기 빵이 그런 친구의 목숨을 앗아갔다. 하고 싶었던 게 많았던 그 소녀는 얼마나 살고 싶었을까. 자기가 죽어간다는 걸 알았을 때 얼마나 억울했을까. 그날, 학교는 온통 울음바다였다. 선생님들도 책 꺼내라는 소리조차 하지 못하시고 서럽게 우셨다.

40대 중년이셨던 담임선생님은 우리 아빠 또래였다. 우리 같은 자식이 있었을 선생님은 새벽부터 저녁 늦게까지 일하고 학교에 오는 우리를 보며 항상 마음 아파하셨다. 그래서 수업 시간에 조는 우리에게 단 한 번도 화를 내신 적이 없었고, 오히려 깨울지 말지 망설이셨다. 깨우실 때도 어린 학생들이 예민한 시기에 상처를 받을까 봐 조용히 세수하고 오라고 귀띔해주셨다. 그런 선생님이신지라 영숙이가 떠나던 날에 하염없이 우셨다. 우리는 그 모습을 보고 가슴이 더 사무쳤고 울음을 멈출 수 없었다.

그녀가 떠난 뒤, 나는 도무지 정신을 차릴 수가 없었다. 가장 친한 친구가 죽었지만 공장에서는 아무 일도 없었다는 듯 일했다. 자동화시스템이라 내가 정신을 놓으면 다른 친구들이 피해를 보기 때문에 어떻게든 정신을 똑바로 차려야 했다. 그렇게 기계가 돌아가는 속도에 따라 일을 하다 보면 꿈에서까지 찾아오던 영숙이의 죽음이 저만치 멀어졌다. 소녀 노동자들은 슬퍼할 겨를조차 없었다. 그게 나를 괴롭게 만들었다.

하지만 오후 5시, 일이 끝나면 어김없이 영숙이가 찾아온 것만 같았다. 학교로 가는 버스 안에서도, 수업을 듣는 교실에서도, 도무지 눈물이 멈추지 않았다. 이렇게 살려고, 이렇게 살다 죽으려고 세상에 태어난 것은 아니라는 원망이 끊임없이 쌓여갔다. 문득 영숙이와 함께했던 어느 점심시간이 떠올랐다.

점심시간에도 우리는 식당을 향해 마구 달렸다. 그래야 먹고 싶은 반찬을 먹을 수 있고, 좋은 자리를 차지할 수 있기 때문이었다. 손을 잡은 채 영숙이와 나는 배식구 앞에 섰다. 숨을 헐떡이며 오목한 스테인리스 식판을 내밀자 아주머니들께서 밥과 국을 퍼주시고 반찬을 담아주셨다.

"야, 오뎅이다, 오뎅!"

영숙이는 신이 나서 내 등을 두드렸다.

"아줌마, 오뎅 좀 많이 주세요."

그녀와 나는 오뎅이 수북이 담긴 식판을 들고 출입문에서 가장 가까운 탁자에 앉았다. 좋아하는 오뎅을 조금 더 많이 받았을 뿐인데 우리는 날아갈 듯 신났다. 출입문 옆에 앉았으니 얼른 점심을 먹고 잠시 눈 붙일 시간도 몇 분 더 번 셈이었다. 운수 좋은 날이었다. 겨우 오뎅 하나에, 몇 분의 휴식에 행복해했던 우리. 우리는 그보다 더 맛있는 음식도, 더 나은 삶의 여유도 알지 못했다. 무엇보다 이렇게 마지막이 될 줄은 더더욱 알지 못했다.

그녀가 죽은 뒤 깊은 잠에 들 수 없었다. 여느 날처럼 새벽까지 잠자리에서 계속 뒤척이는데 기숙사 옆 교회에서 종이 울렸다. 홀린 듯 일어나 교회로 갔다. 알지도 못하는 찬송가를 우물우물 따라 부르는데 느닷없이 눈물이 솟구쳤다. 새벽예배가 끝날 때까지 울음은 멈추지 않았다. 하나님은 우리를 왜 시험에 들게 하는가. 가엾은 여자애들을 왜 이렇게 고생시키나. 이렇게 속으로 울부짖었다. 고통에 점점 지쳐갈 때 내 마음이 고요해졌다. 그 순간 '이곳을 떠나야 한다!'라는 내면의 목소리가 솟아올랐다. 나는 결심했다. 당장 공장을 떠나기로.

앞으로 어떻게 살아야 할지 막막했다. 그러나 내가 떠나기로 마음먹은 이유는 자명했다. 나는 이렇게 살려고 태어난 사람이 아니었다. 아쉬움만 남기고 일찍 떠난 내 친구 영숙이에게 더 좋은 세상을 보여주고 싶었다. 공장을 떠나는 날 나는 영숙이를 가슴에 묻고, 그녀의 몫까지 열심히 살겠다고 다짐했다.

수십 년이 지난 지금도 나는 이따금 영숙이를 떠올린다. 그러면 이젠 이름도 가물가물한 한성실업 친구들의 얼굴이 불쑥 떠오른다. 지쳤다가도 그 친구들을 생각하면 에너지가 다시 샘솟는다. 나는 그녀의 몫까지 살아야 하니까. 누가 시킨 것도 아닌데 나는 마치 내가 한성실업에 다니던 친구들의 대표라도 된 듯 잘 살아야 한다고 스스로를 다독였다. 인생의 밑바닥에서 가장 소중한 친구의 죽음으로 깨달은 내 삶의 소중한 씨앗이니까!

'우리 모두 비록 찢어지게
가난했지만 내가 꼭 해낼게.
우리도 뭐든 할 수 있고
뭐든 될 수 있다는 걸
세상에 반드시 보여줄게.'

여전히 누군가에게
소중한 존재다

　나는 육 남매 중 다섯째로 태어났다. 아버지는 양쪽 다리가 팔처럼 가는 데다 사고를 당해 한쪽 손이 펴지지 않았다. 사고가 났을 때 바로 병원에 갔으면 나았을 수도 있었을 텐데 그럴 만한 형편이 아니었다. 아버지는 피를 멈추기 위해 손을 꼭 쥐고 참았고, 아버지의 손은 그대로 굳어버리고 말았다.

　부부가 같이 나서도 힘들 판에 아버지가 일을 못 하니 살림이 쪼들리는 게 당연했다. 엄마 혼자 아등바등하며 남자들도 힘들어하는 과수원 일까지 마다하지 않고 죽도록 일했다. 그러나 육 남매를 먹이고 가르치기에는 역부족이었다. 내 위로 셋은 초등학교도 졸업하지 못하고 일찌감치 집을 떠나 생활전선으로 뛰어들었다.

시골 생활은 다 거기서 거기라 나는 가난을 의식하지 못했고 불행하다는 생각도 해본 적이 없다. 그저 산으로 들로 쏘다니며 노느라 정신이 없었다. 주변에 열심히 공부하는 사람도 없어 공부 또한 뒷전이었다. 성적은 꼴찌에 가까웠다. 방학 숙제를 한 번도 해 간 적이 없을 정도였다. 이런 나를 부모님도 뭐라 하지 않았다. 난독증이 있어 제대로 책을 읽지 못한다는 사실을 뒤늦게야 알았다. 그 때문에 공부가 더 싫었던 모양이다.

그랬던 내가 중학교를 마치자 고등학교에 가고 싶었다. 공부는 못해도 고등학교는 꼭 졸업해야 할 것 같았다. 하다 못해 농업고등학교라도 가고 싶었다. 그러나 부모님은 자식 중 하나만 학교에 보내야 한다면 그게 오빠여야 한다고 생각했다. 물론 다들 먹고살기 어려운 때여서 모든 자식을 학교에 보낼 수 없다면 장남을 지원하는 게 당연한 분위기였다. 그리고 그 한 명이 가문의 대들보 노릇을 하는 게 가장 현실적인 대안이었다. 나는 태어나서 처음으로 부모님이 원망스러웠다. 여자인 내가 난생처음 차별을 느낀 순간이기도 했다. 그러나 어느 집이나 그랬다. 그런 시대였다.

하지만 오빠는 스스로 고등학교 진학을 포기했다. 나는 돈이 없어도 산업체 부설 야간 고등학교를 다닐 수 있다는 말에, 서울에서 와이셔츠를 만드는 한성실업에 취직하기로 마음먹었다. 엄마에게 낮에는 공장에 다니고 저녁에는 야간 고등학교에 다니기로 했다고 말했다. 엄마는 아무 말이 없었다. 나는 다시 한번 물었다.

"엄마, 그래도 괜찮지?"

"네가 오죽이 잘 알아서 결정했겠냐. 엄마는 너를 믿어. 너는 잘할 거여."

엄마는 가만히 내 등을 두드렸다. 엄마의 그 말, '알아서 잘 결정했으리라 믿는다, 잘할 거다'라는 소리를 새로운 결정을 할 때마다 들었다. 엄마의 말은 매번 한 치도 다르지 않았다. 엄마는 내가 어떤 결정을 내리든 말리기는커녕 다시 생각해보라는 말조차 한 적이 없었다. 자식들을 그렇게 믿어줌으로써 기죽지 않게 했다.

떠나기 전날, 엄마는 내 손을 꼭 잡은 채 한동안 말을 잇지 못했다. 애써 눈물을 참고 있었으리라. 자식들을 하나씩 떠나보낼 때마다 엄마는 울고 싶지 않았을까? 나까지 다섯, 그때마다 울었더라면 엄마 맘이 누덕누덕해졌을 것이다.

"금례야. 앞으로 힘들 것이다. 참말로 힘들 거여. 살아보니께 내일이라는 것이 매번 더 힘들더라. 암만 그래도 절대로 기댈 생각 하지 마라. 형제지간에도 내 것, 네 것이 있다. 너는 너로서 독립할 수 있도록 노력해야 혀. 그래야 사람이 제대로 살 수 있어."

엄마는 평생 얼마나 고생만 했으면 내일이 늘 더 힘들다고 말할까. 마음이 무거웠다.

"엄마, 걱정돼? 걱정하지 마."

엄마는 서글프게 웃으며 거친 손으로 내 손등을 매만졌다.

"엄마, 걱정하지 마. 개천에서 용 난다는 말도 있잖아. 내가 꼭 성공해서 엄마가 원하는 거 다 해줄게."

나는 고생한 엄마를 조금이라도 위로하고 싶었다. 엄마는 말없이 고개를 끄덕였고 나는 호기롭게 장담했다.

"엄마가 지금 가장 먹고 싶은 게 뭐야? 내가 돈 많이 벌면 실컷 사 줄게."

어린 딸의 호언장담에 엄마는 그제야 빙그레 미소를 지었다.

"나는 말이다. 계란을 한 소쿠리 삶아 놓고, 복숭아, 그 달달한 물 줄줄 흐르는 복숭아를 한 소쿠리 갖다 놓고, 실컷 먹어보는 게 소원이다."

"알았어, 엄마. 한 소쿠리가 뭐야? 평생 질리도록 먹게 해줄게."

엄마는 이번에도 말없이 고개를 끄덕이기만 했다. 그날 밤, 엄마와 나는 손을 꼭 잡은 채 잠들었다. 다음 날, 나는 옷 보따리 하나만 끌어안은 채 집을 나섰다.

성공을 위해 도전한 서울행이라 정말 최선을 다했다. 엄마의 믿음에 보답하고, 지긋지긋한 가난에서 벗어나려면 고등학교 졸업장이 꼭 필요했다. 하지만 가족과도 같았던 친구의 죽음에 나는 한동안 정신을 차리지 못했다. 그러나 못다 핀 영숙이의 넋을 달래기 위해서라도 반드시 살아남아 성공해야 했다.

공장을 그만두고 패션을 제대로 배우기 위해 거의 무일푼으로 일본에 간 나는 아르바이트를 하며 대학교를 다녔

다. 하지만 졸업 후 상황이 크게 달라지지는 않았다. 어차피 내가 어디에 살든 돈이 없기는 마찬가지였기 때문에 무작정 패션의 나라 프랑스로 향했다.

프랑스어는 한마디도 못 하는 채로 찾아간 파리에서 악착같이 공부하고 일했다. 돈을 벌어야 나의 행복을 보장받을 수 있다고 굳게 믿었다. 하늘이 이런 내 간절한 마음을 알았던 걸까? 어려운 순간도 많았지만 하는 일마다 물 흐르듯 술술 풀렸고, 그렇게 노력한 나는 30대 중반이 되어 친구의 제안으로 전시 사업을 할 수 있었다.

전시 사업은 파리 본사에서 한국 지사까지 확장되며 꾸준히 성장했다. 확신이 있었기에 많은 빚까지 지며 투자했다. 성공을 꿈꾸며 열심히 일했지만 그 기쁨도 잠시, 손에 쥐었던 모든 게 모래처럼 산산이 흩어졌다. 죽도록 열심히 살면서 쌓은 공든 탑이 무너진 느낌이었다. 그렇다. 내 사업은 그렇게 망했다.

모든 걸 잃었던 그날, 나는 센강 위에 서 있었다. 장밋빛 미래를 꿈꾸던 시절에도, 승승장구하던 시절에도, 그리고 모든 것을 잃었을 뿐만 아니라 10억 원이라는 빚만 남은 그날에도, 센강은 여느 때처럼 아름답게 흐르고 있었다. 검은색 수면 위로 수만 갈래의 햇빛이 찬란하게 부서졌다.

내 마음도 모른 채 유유히 흘러가는 센강을 멍하니 바라보고 있었다. 너무 큰 상실감과 허탈감에 눈물도 나오지 않았다. 얼마나 많은 시간이 흘렀을까. 정신을 차렸을 때는 해가 지고 이미 깊은 밤이었다. 이렇게 살아서 뭐 하나, 문득 그런 생각이 들었다. 검은 강물이 어서 들어오라고 나를 부르는 듯했다.

생각에 생각이 꼬리를 물자 검푸른 강물 속에서 이제 영숙이가 나를 부르는 것처럼 느껴졌다. '금례야 이제 그만 됐어. 괜찮아, 너는 최선을 다했어. 할 만큼 했고, 내 몫까지 열심히 살았어….' 이제는 정말 영숙이 곁으로 가는 것도 괜찮겠다는 생각이 들었다. 기를 쓰고 살아왔던 지난날이 빠르게 스쳐갔다.

집으로 돌아오니 어느덧 자정이 넘은 시간이었다. 어두운 벽을 더듬어 전등 스위치를 켰다. 제대로 건사하지 않아 쇠락한 느낌이 드는 집 안이 불빛 아래 환하게 드러났다. 기다리는 이 없는 쓸쓸한 집, 찾아오는 이 없는 외로운 집이 꼭 내 인생 같았다. 현관문을 열고 들어서자 거울이 보였다. 거울을 제대로 보는 게 얼마 만일까? 얼룩진 거울로 예전의 당당하고 활기찼던 모습을 잃어버린 한 여자의 초라한 행색이 보였다. 사업 실패 후, 10킬로나 늘어난 내 몸이 정말 보기도 싫었다.

이대로 살아야 하는 걸까? 차라리 끝내는 게 낫지 않을까? 그런 생각들이 마음 깊은 곳에서부터 스멀스멀 피어올랐다. 그 검은 기운이 거울 속까지 넘실거리는 것 같았다. 그때 누군가 나를 불렀다.

"금례야! 아가! 자랑스러운 우리 셋째 딸!"

거울 속에서 엄마가 나를 부르며 환하게 웃고 있었다. 엄마는 언제나 나를 '나의 희망'이라고 불렀다. 중학교를 졸업하고 서울로 일하러 갈 때도, 일본으로 갈 때도, 프랑스로 갈 때도, 사업에 성공했을 때도, 심지어 실패했을 때도 나는 늘 엄마의 자랑거리였다. 내가 죽음을 생각했던 그 순간에도 엄마에게 나는 자랑거리이자 희망일 터였다. 그런 엄마를 두고 죽는 것은 엄마와 함께 죽는 것이나 마찬가지였다.

"그래, 살아야겠다. 이제부터는 엄마를 위해 살아야겠다."

엄마를 위해 살아야겠다는 그날의 결심이 내 인생 전부를 송두리째 바꿔놓을 줄, 그때는 미처 알지 못했다.

나는 죽음의 목전에서 엄마로 인해 다시 살아보겠다는 생의 의지가 담긴 발걸음을 뗐다. 그러고 보면 매번 나를 살린 건 엄마였다. 내가 원한 것은 돈과 성공이었는데 엄마는 나에게 무엇을 원했을까? 거울 앞에서 나는 생각했다. 답은 너무나 단순했다. 어떻게든 내 딸이 힘 있게 살아내는 것이었다.

모든 것을 다 잃고 다시 시작했지만 지난번처럼, 또는 그보다 더 성공할 자신은 없었다. 그러나 엄마가 나에게 원하는 인생 정도는 얼마든지 살 수 있을 것 같았다. 나는 늘 엄마의 희망이었는데 지금은 엄마가 나의 희망이었다. '어떻게든 살아낼 것!', 엄마가 내게 바라던 건 정말 단순했지만, 어쩌면 이 세상 모든 부모들이 자식에게 원하는 바람일지도 모른다.

실패 후, 2년 내내 죽어 있던 희망이라는 놈이 가슴속에서 고개를 불쑥 내밀었다. 그 뒤로 어떻게 되었냐고? 그 뒤로도 나는 수없이 넘어지고 깨지며 실패했다. 하지만 나는

여전히 엄마에게 소중한 존재였기에 그때마다 이렇게 외
쳤다.

"내가 아무리 망했다 한들
다시 일어서서 한 발 내딛는 걸 못 할까!"

넘어지지 않고
걸을 수는 없다

지금도 별반 다르지 않겠지만, 프랑스 유학은 비용이 만만치 않아서 당시 부호의 자식들만 엄두를 낼 수 있는 일이었다. 나는 모든 걸 손수 해결해야 하는 상황이었기에 어렵게 온 파리에서 반드시 큰 배움을 얻어 가야 한다고 생각했다.

프랑스에서 대학을 졸업했을 때 나에게는 수많은 친구가 있었다. 한국 친구도 많았지만 프랑스 친구도 많았다. 한국 친구들은 나만 보면 어떻게 프랑스 사회에 섞여 들었는지 물었다. 그때마다 내가 아는 노하우를 다 알려줬지만 나처럼 행동하는 친구들은 별로 없었다. 나는 프랑스 문화를 이해한 뒤, 부족한 회화 능력으로도 어디 가서든 자신 있게 말했다. 문법에 맞지 않는 말을 할 때도 있었고, 잘못된 정보를 말한 적도 있었다. 그렇지만 나는 실패를 두려워하지 않았다. 처음 프랑스에 왔을 땐, 내가 틀릴지도 모른다는 생각에 위축된 적도 많았다. 하지만 어느 순간 그런 생각이 나를 조금도 성장시키지 않는다는 것을 알게 되었다. 사람들이 나를 우습게 본다고 한들 어쩔 수 없다고 마음을 먹자 더 이상 위축되지 않았다.

한번은 내가 말실수를 했더니 친구가 말했다.

"켈리. 그거 틀린 거야."

"그래? 몰랐어. 네 덕분에 새로운 걸 하나 배웠네. 정말 고마워."

바로 인정하면 누구도 나를 욕하지 않았다. 그게 프랑스 문화였다. 설령 욕을 먹는다고 해도 어쩔 수 없었다. 실패하지 않고 되는 일은 이 세상에 없다는 것을 잘 알고 있었기 때문이다.

파리 유학을 성공적으로 끝낸 뒤에도 나에게는 숱한 실패가 기다리고 있었다. 학교를 졸업할 무렵 나는 파리의 유행이 서서히 변하고 있음을 눈치챘다. 파리의 패션은 오트쿠튀르, 즉 고급 맞춤 여성복이 중심을 이루고 있었다. 기성복이라는 의미의 프레타포르테 역시 일반인들은 접근할 수 없을 만큼 고가였다. 그런데 언젠가부터 파리에서도 뉴욕의 미니멀리즘이 확산되고 있었다. 앞으로 캘빈클라인 같은 브랜드의 열풍이 불고 새로운 시대가 올 것이라는 예감이 들었다.

나는 뉴욕으로 갈 생각이었다. 먼저 뉴욕으로 간 친구가 오기만 하면 디자이너로 취직을 시켜주겠다고 했다. 뉴욕에서 몇 년 공부를 한 뒤 파리에 정착할 생각이었다. 내가 뉴욕을 선택한 데는 디자이너로서의 내 한계도 있었다. 디자인하는 일이라면 나도 지지 않을 자신이 있었다. 그런데 프랑스 사람들은 직선의 끝부분이 살짝 흐려지면서 곡선으로 변하는 그림을 그려놓고는 곡선으로 휘는 이유에 대해 몇 시간씩 토론했다. 루브르에서 봤다든가, 베르사유에서 봤다든가, 어느 철학자가 말했다든가, 뭐 이런 거창한 비유까지 들면서.

나는 더 멋있는 디자인을 해놓고도 그 의미에 대해 충분히 설명하기가 어려웠다. 창의력과 인문학적 소양의 차이 때문이었다. 하라면 하고 가라면 가야 하는 교육을 받아온 나로서는 도저히 그들을 따라갈 자신이 생기지 않았다. 프랑스인들은 한 시간이면 끝나는 패션쇼를 두고도 몇 날 며칠 떠들 수 있었다. 눈만 말똥말똥 뜨고 선생님이 하는 말만 가만히 듣는 교육을 받아온 아시아 친구들이 대부분 절망하는 지점이기도 했다. 오트쿠튀르 중심의 파리 패션계에서는 그들을 능가할 만한 창의력이 아니면 두각을 나타내기 어려웠다.

물론 다 그랬던 것은 아니다. 한국인 중에는 나와 똑같은 교육을 받고도 매우 창의적인 사람들이 더러 있었다. 다만 나는 시대와 환경의 한계를 뛰어넘을 만한 천재가 아니었고, 이 사실을 씁쓸하지만 담담하게 받아들였다. 그런 나에게 실용적인 사고를 더 인정하는 뉴욕이 파리보다 더 적합할 거라 판단했다. 나는 파리의 패션업계에서 최고가 되기에는 역부족이었지만 그렇다고 좌절하지는 않았다. 실패를 두려워하지 않는 도전정신. 이게 내 최고의 장점이라는 사실을 알았기 때문이다.

내가 혈혈단신으로 정읍에서 서울로, 한국에서 일본으로, 그리고 다시 프랑스로 떠나 도전할 수 있었던 것도 실패를 두려워했다면 절대 불가능했을 일이었다.

나는 남달리 총명하지도 않고 특별한 재능을 가진 것도 아니었다. 그래서 수십 수백 번 실패했고, 그 덕분에 더 이상 실패를 두려워하지 않게 되었다. 뜨거운 불길에 몸을 맡기고 망치로 두들겨 맞을수록 더 강해지는 쇳덩이처럼 나는 계속 단단해질 뿐이었다. 목적이 분명했기 때문에 실패를 곱씹을 시간도 내겐 없었다.

지금도 마찬가지다. 앞으로도 나는 무수한 실패를 반복할 것이다. 반드시 그래야 한다. 성공할 때보다 실패할 때가 더 많아야 강해진다. 그러므로 실패 자체를 너무 두려워하지 않았으면 좋겠다. 오히려 실패가 두려워 시도조차 하지 않는 삶의 태도를 경계해야 한다. 무엇보다 그 무수한 실패가 쌓여야 언젠가 성공의 기회가 찾아온다는 사실을 당신이 잊지 않았으면 한다.

"어린 날에 수없이 넘어지고 깨지면서
　당신도 이 땅에 굳게 선 것처럼."

세 가지를
결단하다

　내가 프랑스에서 수많은 실패를 거듭하면서 깨달은 지혜
는 무엇을 할지보다 무엇을 안 할지를 고민하는 편이 더 이
롭다는 사실이었다. 그래서 나는 만족할 수준의 부를 이루
기 전까지는 평소에 즐기던 걸 끊겠다고 결심했다. 좋은 습
관이든 나쁜 습관이든 항상 결과가 따르기 때문이다. 그때
나는 이런 생각을 했다. '부자들이 하지 않는 게 무엇일까?'
내 삶을 뒤돌아보니 버려야 할 세 가지의 나쁜 습관이 보였
다. 아무리 좋은 생각도 행동으로 옮기지 않으면 소용이 없

기 때문에 나는 즉시 행동으로 옮겼다.

정신을 흐트러뜨리는 음주를 버리다

사실 내가 술을 끊은 건 첫 사업을 할 때부터였다. 내가 술을 마시지 않겠다고 결심한 이유는 술을 마시고 실수를 해서가 아니었다. 그 정도로 술을 마신 적도 없었다. 술에 시간을 뺏기는 게 아까워서였다. 그때 나는 민박집 주인이자 가이드였다. 동시에 켈리델리 사업도 준비하고 있어서 몸이 두 개라도 부족할 지경이었다. 한번 술을 마시면 최소두 시간 이상이 소요됐다. 일주일에 세 번 술을 마시면 여섯 시간이 소모되었다. 술을 끊겠다고 결심한 뒤로 나는 술을 한 모금도 마시지 않았다.

게다가 나처럼 눈에 띄고 화려한 여자가 남자들과 사업한다고 술을 마시면 쉽게 보일 수 있었다. 그래서 더욱 인맥에 연연하지 않고 실력으로만 승부하고 싶었다. 내가 잘 따르던 선배 언니는 "오히려 사업을 시작하면 거래처 사람들과 술을 마시며 친분을 쌓아가야 하는데, 반대로 술을 끊는 배짱은 뭐냐"라고 나를 놀리기도 했다.

첫 사업 막바지에 아무리 노력해도 빚만 늘어가고 직원

들 월급날이 다가오는 게 두려웠던 때에는 정말로 소주 딱 한 잔만 마시면 살 것 같았다. 어떤 때는 눈을 뜨고 있는 것조차 너무 괴로워서 얼굴이 하얗게 질렸다. 그만큼 술 한 잔이 간절했다.

하지만 그렇게 힘들었던 때에도 술은 입에 대지 않았다. 마시면 한 잔만 마실 수 없을 것 같았고 다시 일어서지 못할 것 같았다. 무엇보다 나 자신과의 약속을 절대로 번복하지 말아야 한다고 생각했다. 아직 성공하지 못했으니 마시지 않는 게 당연했다.

어쩌다 사람들을 만나면 왜 그렇게 사냐며, 이 정도는 마셔도 된다고 술을 권했다. 늘 같이 저녁을 먹으며 술까지 마시던 언니들이었다. 그러나 술을 마시지 않으니까 차츰 나를 부르지 않았다. 술을 마시지 않겠다는 원칙이 특별한 건 아니다. 하지만 술을 끊은 덕분에 많은 시간을 확보할 수 있었고, 보다 명료한 정신으로 내가 해야 할 일에 열정을 쏟을 수 있었다.

야금야금 삶을 갉아먹는 유희를 버리다

나는 시간적으로 조금 여유가 생기면 드라마를 보거나

게임하는 걸 좋아했다. 문제는 시작하면 멈추지 못한다는 것이었다. 당연히 시간을 쓰는 데 효율적이지 않았다. 그래서 어떻게 하면 시간을 효과적으로 쓸 수 있을지 고민했다.

성공한 사람들은 시간의 여유가 생기면 책을 읽으면서 철저하게 자기 시간을 확보한다. 그들은 대개 삶의 유희를 즐기는 방법이 나와 달랐다. 성공하기 위해서는 자기 관리가 기본이다. 자기 관리의 기본은 불필요한 시간 소모를 줄여 스스로 발전시키는 시간을 갖는 것이다.

특히 요즘 사람들에게는 지나친 SNS의 사용을 삼갈 것을 적극 추천한다. SNS의 특징 중 하나가 바로 맺고 끊는 게 어렵다는 점이다. SNS가 자신의 사업이나 개인적인 발전과 직결되어 있다면 괜찮겠지만, 유희적인 요소가 크다면 분명 가장 많은 시간을 소모하고 있을 것이다. 그러므로 SNS의 접속을 줄이고 그 시간을 확보하여 자기계발을 위한 활동을 하는 게 더 좋다.

아무리 큰 성공을 이루더라도 나를 발전시키는 시간을 확보하지 못한다면 모두 무의미하다. 성공을 위해 쏟았던 피와 땀 그리고 눈물, 성공을 거머쥐고 얻은 부와 인맥, 이 모든 게 신기루처럼 사라진다고 상상해보라. 이 얼마나 억

울하고 안타까운 일인가.

시간을 빼앗는 파티를 버리다

한국이나 유럽이나 모임은 매한가지다. 모임의 핵심은 인맥 관리다. 사람이 모이는 일은 새로운 에너지를 창출하고 기회의 장을 여는 최적의 방법이다. 하지만 어느 순간에 나는 모임에 참석하는 것이 성공을 방해하는 요인이라고 생각했다. 일반적인 생각과 반대로 생각한 것이다. 사업가인 내가 모임을 포기했다고 말하면, 어떤 사람들은 그럼 인맥 관리를 어떻게 하냐고 되묻는다. 나는 이렇게 대답한다.

"전 인맥 관리 안 해요."

내가 이렇게 말하는 데에는 이유가 있다. 인맥은 관리되는 게 아니기 때문이다. 한번 생각해보라. 당신이 내게 '나는 켈리랑 친구가 되고 싶고 반드시 그렇게 될 거야'라고 말하면 당연히 그렇게 될 수 있다. 나는 친구를 좋아하고 새로운 친구를 환영한다. 하지만 '나는 켈리를 나의 인맥으로 관리하고 싶어'라고 말한다면 다르다. 나는 당신에게 관리되고 싶은 마음이 추호도 없다. 내가 나랑 친구가 되고 싶어 하는 사람과 나를 인맥 삼아 이용하려는 사람을 구분하지도 못할까? 이는 비단 나뿐만이 아니라 모든 성공한 사람이 직감적으로 느낄 수 있는 부분이다. 그래서 나는 인맥을 관리하지 않는다.

가급적 파티에 가지 않겠다는 결심 또한 시간 때문이었다. 파티는 보통 하룻밤을 통째로 잡아먹는다. 사교에는 도움이 되겠지만, 나는 한 번의 큰 실패를 겪으면서 단순한 사교가 인생에 별 의미가 없다는 걸 뼈저리게 느꼈다. 정말 소중한 친구나 가족들과의 파티 외에 단순한 사교 모임에 내 귀한 시간을 소모하고 싶지 않았다. 이것은 성공한 지금도 지키고 있는 원칙이다.

행복해지고 싶다면, 먼저 당신의 삶을 갉아먹는 나쁜 습관을 끊어 내야 한다. 세 가지의 나쁜 습관을 끊었다면 좋은 습관 세 가지를 만들어야 한다. 특히 나를 성장시키는 것에 그 시간을 써야 한다. 어제의 나보다 내일의 나 자신이 아주 조금 진일보할 수 있는 시간을 확보하여 성장하는 게 행복이다. 매일 조금씩만 성장해도 된다. 왜냐하면 성장은 복리 효과를 만들어내기 때문이다.

예를 들어 하루 1%만 매일 성장해도 100일이면 100%로 성장하는데, 오늘의 1% 성장은 시간의 흐름에 따라 성장이 거듭되니 100일 후면 기대한 것 이상으로 성장해 있을 것이다. 아무리 부족하고 못난 인생이라고 하더라도, 멈추지 않는다면 5년 후에는 지금과는 완전히 다른 인생을 살게 될 것이라는 말이다.

1000명의 사람을
스승으로 삼다

첫 사업에 실패했을 때까지만 하더라도 나는 누군가의 조언을 중요하게 생각하지 않았다. 사실 너무 무지해서 조언을 받아야 한다는 생각조차 못 했다. 당시만 해도 멘토니 롤모델이니 이런 말이 유행하지 않았다. 그저 혼자 열심히만 하면 성공할 줄 알았다. 지금은 조언을 중요하게 생각하지만 그때는 그런 마음이 부족했다.

성공으로 가는 길에 올라타는 건 매우 간단한 일이다. 문제는 지속과 해결이다. 주기적으로 찾아오는 포기의 욕망과 결정적인 순간에 일어나는 각종 사고를 통제할 수 없다면 우리는 목표에 도달할 수 없다. 이게 멘토와 롤모델, 더 나아가서 그 분야 전문가의 코칭이 필요한 이유다.

멘토는 내 속에 잠재된 가능성을 볼 수 있도록 이끄는 사람이다. 그래서 인생의 멘토나 롤모델을 찾아 조언을 구하고, 그들의 성공 방식을 이해하는 게 목표에 도달하는 지름길이다. 만약 당신이 부자가 되고 싶다면 진짜 부자를 멘토로 삼아야 한다.

그러나 많은 사람이 목표를 세우는 단계에서 치명적인 실수를 저지른다. 명망이 높다는 이유로 돈이 얼마 없는 사람에게 돈 버는 방법을 자문하거나, 아직 돈 버는 방법을 습득하지 못한 가족이나 친구, 선배에게 인생을 상담한다. 심각하게는 내 돈을 앗아가려는 자들에게 투자한다. 꿈을 이루는 과정에서 길을 막는 방해꾼은 오히려 가장 가까운 곳에 있다. 바로 내 부모, 형제, 친구다.

사업을 해본 적이 없는 사람에게 사업에 관한 조언을 구하는 게 맞을까? 리더도 아닌 사람에게 리더가 되는 법을 배우는 게 맞을까? 당신이 선택한 분야의 최고가 되고 싶다면 그 분야 최고의 사람을 스승으로 삼아야 한다. 그러면 지금 당신은 이런 생각이 들 것이다. '그들은 너무나 바쁘고 만날 수 없어요', '만난다고 하더라도 지속적인 친분을 쌓을 수 있을까요?' 어느 정도 공감한다. 하지만 직접 만나지 않고도 배울 수 있는 방법이 있다. 성공한 사람들은 이미 이런 방법을 쓰고 있다.

책에서 스승을 찾아라

당신과 비슷한 환경에서 성공한 사람들의 책을 읽어라. 읽는 것에서 끝나면 안 되고 아예 그 방법을 먹어버리겠다는 마음가짐으로 공명을 유지하고 실천해야 한다. 당신이 뻔한 이야기라고 생각하는 이 방식으로 그들이 성공할 수 있었다는 사실을 잊지 마라. 성공한 사람들의 인생을 섣불리 판단하지 말고, 그들의 입장에서 생각하고 내 삶에 적용하려는 자세가 중요하다.

스승의 행적을 팔로우하라

그들의 공개 강연이나 기사, 각종 인터뷰와 SNS 콘텐츠 내용을 모아 스크랩북을 만들고 공부하라. 나는 내가 닮고

싶은 구루Guru가 생기면 비용을 생각하지 않고 그 사람의
강연을 듣고 또 듣는다. 이 방법은 워런 버핏, 토니 로빈스
같은 성공의 대가들도 사용하는 방법이다.

스승처럼 생각하는 연습을 하라

결정의 순간이 왔을 때, 롤모델이라면 어떻게 행동하고
결정했을지 상상하는 게 중요하다. 롤모델에 대해 충분히
공부가 된 상태라면 현명한 결정을 내릴 수 있을 것이다.
나 역시 한 번도 만난 적이 없는 많은 스승을 떠올리며 성
과 있는 결정을 지속해왔다.

나는 켈리델리를 준비하며 현장과 이론을 빠삭하게 습득
했지만 스승이 없었다면 성공은 불가능했을 것이다. 스승
중에는 실제로 만나 내게 기술을 전수한 분도 있었고, 경
영과 마인드셋에 대한 부분을 코칭한 분도 있었다. 핵심은
1000명의 사람을 스승으로 삼았다는 데 있다. 나는 1000명
의 스승을 아주 먹어버려서 내 것으로 만들려고 노력했다.
그리고 그 결과는 매우 탁월했다. 결정과 선택의 순간마다
고민 없이 집중할 수 있었기 때문이다.

스승이 정말로 필요한 이유는 지속할 힘을 얻고 해결책

을 얻기 위해서다. 이는 마라톤의 페이스메이커를 생각하면 이해가 더 쉽다. 페이스메이커는 중거리 이상의 달리기나 자전거 경기에서 선수들이 목표까지 잘 도달할 수 있도록 돕는 사람이다. 속도를 조절하고 멘탈을 유지시키면서 선수가 완주할 수 있도록 힘이 되어주는 역할을 한다.

목표 달성도 결국 지속과 해결이 관건이다. 포기하지 않는 것, 문제 앞에서 도망치지 않는 것만으로도 완주는 가능하다. 단, 혼자서는 외롭고 지난한 길이 될 것이다. 성공한 사람들 곁에는 늘 훌륭한 스승이 있었다. 그러므로 성공을 원한다면 어떻게 할지 고민만 하지 말고 스승을 찾아 벤치마킹하라. 스승의 시선으로 꿈을 향한 여정을 지속하고 문제를 해결하라.

당신도 위대한 목표를
빠르게 완주하게 될 것이다.

한 단계 성장을 위한
마중물 같은 것

켈리델리를 준비하던 2년 동안, 남들이 보기에 나의 조건은 실패하기 전과 조금도 다르지 않았다. 나 역시 다시 살아보겠다고 심기일전했지만 위기의 순간은 계속되었다. 무엇보다 여전히 돈이 없었다. 10억 원의 빚을 갚을 수 있는 상황이 아니었기 때문에 항상 무거운 마음으로 하루하루를 보냈다. 그러나 나는 나를 있는 그대로 사랑하고 행복해지자고 결심한 상태여서, 당장 할 수 있는 것부터 해내며 날마다 기쁨을 찾으려고 노력했다.

소비자들의 구매 성향을 조사하기 위해 매일 마트로 출근하고 책을 읽었다. 그러면서 내가 변하고 있다는 것을 느낄 수 있었다. 행복한 미래에 대한 강한 확신이 들었다. 조건은 변하지 않았지만 나는 예전과는 전혀 다른 사람이 되어가고 있었다. 좋은 에너지가 매일 새롭게 차오르는 느낌, 모든 것에 감사한 느낌, 성공 가도를 달리고 있던 때에도 느끼지 못했던 행복감으로 충만했다.

내게 주어진 위기 상황 중에서 달라진 것은 단 하나도 없었다. 그저 다시 한번 열심히 살아보겠다고 태도와 각오를 바꾼 게 다였다. 태도를 고치고 각오를 달리하자 위기가 더 이상 두렵지 않았다. 오히려 위기 다음에 기다리고 있을 기회가 기대되었다. 생각을 바꾸는 일이 얼마나 중요한지 깨닫는 순간이었다. 이제 나에게 더 이상 위기는 위기가 아니었다. 그저 한 단계 성장을 위한 마중물 같은 것이었다.

내가 처음 사업 아이템으로 생각한 것은 삼각김밥이었다. 자료를 찾아보니 삼각김밥으로 미국 시장에서 성공한 사례가 더러 있었지만 유럽에서는 아직 그런 사례가 없었다. 가능성이 있을 것 같아 한국에 가서 공장도 견학하고 다양한 조사를 했는데 엉뚱한 데서 문제가 발생했다. 프랑스에서는 자기 가게에서 음식을 만들어 팔 때와 달리 음식을 만들어 마트 등에 납품하는 경우에는 법적 제한이 많았다. 무엇보다 무균 시스템을 갖춘 공장이 있어야 허가를 받을 수 있었는데, 그러려면 10억 원의 자금이 필요했다. 공들인 시간이 아까웠지만 그만한 자본을 갖고 있지 않았기 때문에 포기할 수밖에 없었다. 아무리 좋은 사업이라도 큰 자금이 드는 사업은 하지 않겠다고 결심한 상태였다.

많은 비용과 시간을 투자해 세운 계획이 무너졌기 때문에 분명 위기였다. 하지만 나는 전혀 위기라고 생각하지 않았다. 더 좋은 성장을 위한 신호일 것이라고 확신했다. 나는 오히려 김밥이든 초밥이든 마트에서 직접 음식을 만들어 파는 방법은 없을지 고민했다. 정면 돌파를 택한 것이다.

깊게 고민하고 있을 무렵 프랑스 마트에서 초밥 도시락을 팔기 시작했다. 사람들 반응도 나쁘지 않았다. 당장에 초밥 도시락을 사 먹어보았다. 그런데 맛도 없고 신선하지도 않았다. 미리 만들어 마트로 납품한 초밥이라 신선도를 유지할 수 없었다.

초밥은 내가 제일 좋아하는 음식이었다. 즉석에서 맛있고 신선한 초밥을 만들어서 판다면 충분히 승산이 있을 것 같았다. 내가 제일 좋아하는 음식을 누구보다 맛있고 신선하게 제공할 자신이 있었다. 무엇보다 손님들이 보는 앞에서 직접 초밥을 만드는 퍼포먼스를 보여준다면, 신뢰와 재미까지 겸비할 수 있겠다는 확신이 들었다.

나와 손님, 일하는 사람도 모두 즐거운 켈리델리의 행복한 초밥이 탄생하는 순간이었다. 나는 곧바로 사업 아이템을 변경하고 세상에서 가장 맛있는 초밥을 전수해줄 스승을 찾아 나섰다.

어떤 사람들은 세계적인 초밥의 대가 야마모토 선생 같은 분이 왜 아무것도 바라지 않고 켈리 같은 사람을 도와줬는지 의아해할 것이다. 운이 좋았던 거라고, 그래서 성공한 거라고 생각하는 사람도 있을지 모르겠다. 그 또한 사실이다. 그러나 어떤 운도 거저 오지는 않는다. 위기를 바라보는 태도와 각오를 고쳤기 때문에 운도 다가온 것이라고 생각한다. 예전의 나라면 야마모토 선생을 찾아갈 엄두조차 내지 못했을 것이다. 그 정도의 사람을 선생으로 모시려면 당연히 큰돈이 든다고 생각했을 테니까.

나뿐만 아니라 대부분의 사람들이 그렇게 생각하지 않을까? 현실은 우리가 아는 원리, 그러니까 돈이 돈을 벌고, 배경 좋은 사람들이 기회를 잡고, 아무리 열심히 해도 돈과 배경을 이길 수는 없는, 그런 원리로 흘러갈지 모른다. 우리는 자주 그런 서글픈 현실을 목도해왔다. 그래서 아무것도 가진 게 없는 우리는 절대 저 높은 곳으로 올라가지 못할 거라 지레짐작하고 포기하는 데 익숙해져 있다.

　나 또한 사업에 실패할 무렵 이렇게 생각했다. 돈이나 배경 있는 집안에서 태어났더라면 이럴 때 자금을 받아 쉽게 회복할 수 있었을 거라고. 가진 게 없어 실패했다고 여겼고 그래서 더 크게 좌절했다. 그러나 세상이 반드시 그렇게만 움직이는 것은 아니라는 걸 알게 되었다. 때로는 열정이나 선의가 뜻밖의 결과를 만들어내기도 한다.

　야마모토 선생을 몇 번이고 만나러 갈 때 나는 그가 거절해도 당연하다고 생각했다. 실제로 거절당하여, 나에게는 또 다른 위기가 생겼지만 신경 쓰지 않았다. 위기에 내성이 생겼기 때문이다. 어떻게 하면 야마모토 선생의 도움을 받을 수 있을지, 오로지 그것만 궁리했다. 맛있는 초밥을 만들기 위해서는 그분의 도움이 반드시 필요했기 때문이다. 다행히 두 번 만에 야마모토 선생이 허락해주었지만 거절했다고 해도 나는 또 찾아갔을 것이다. 맛있는 초밥을 만들어서, 더 많은 사람들에게 그분의 초밥을 맛보게 하고 싶었으니까.

야마모토 선생은 내가 여러 번 찾아가서 나를 도와주기로 한 게 아니다. 초밥을 진심으로 사랑했던 그는, 내가 초밥을 얼마나 사랑하는지, 또 이 일에 어느 정도의 간절함이 있는지 알아차렸다. 무엇보다 초밥을 사랑한 내게서 빛나는 눈망울을 봤을 것이다. 그래서 돕기로 결정한 것이다. 당시에는 어떻게 나에게 이런 행운이 찾아왔을까 생각했다. 정말로 우연의 일치라고 여겼다. 그러나 그 뒤로도 나는 여러 차례 수많은 사람의 도움을 얻었다. 그제야 나는 나에게 일어난 일이 우연이 아니라 필연임을 알았다.

부자들 중에는 자기 부를 통로로 삼아 타인에게 부의 길을 열어주려는, 선한 영향력을 전하고 싶어 하는 사람이 많다. 하지만 개인적인 욕심만 많고 눈에 생기가 없으며 삶에 대한 의지가 없는 사람에게 부의 노하우를 전하지는 않는다. 돈만 바라보는 사람에게는 오히려 그것이 더 독이 될 수 있으며, 나누지 않는 부는 탐욕만 키운다는 사실을 너무나 잘 알기 때문이다.

인간의 욕망이란 표정, 말투, 몸짓 등으로 어떻게든 표현된다. 그래서 인생의 진정한 성공을 이룬 사람들은 단번에 사람을 알아보고 그의 길을 열어줄지 말지를 결정한다.

귀인을 만나 운을 끌어당기고 싶다면 위기를 바라보는 태도와 각오를 고쳐야 한다. 위기를 마주하면 떠오르는 온갖 부정적인 생각을 비우고, 오로지 내가 정한 목표를 향해 매진해야 한다. 누구든지 위기를 딛고 최고의 나로 서기 위해서는 웰씽킹을 자각해야 한다. 위기를 기회로 역전시키는 마중물은 풍요의 생각, 웰씽킹이다.

웰씽킹의 진정한 힘은 선한 영향력에서 나온다. 선한 영향력에 대한 간절함이 꿈과 만나 하나가 될 때, 그리하여 위기에 대한 태도와 각오가 바뀔 때 좋은 스승이나 멘토를 반드시 만나게 될 것이다.

100일만 실천해도
누구나 알게 된다

켈리델리를 준비하는 2년 동안 나는 100권의 책을 반복해서 읽고 실천했다. 나는 단지 100권의 책을 읽고 실천하는 데 그치지 않고 그 사람들의 삶을 통째로 먹어버리기로 다짐했다. 그 사람들의 삶을 통째로 먹기 위해서 먼저 그 사람의 생각을 이해하고 실행 방법을 그대로 따라 했다. 잘 이해되지 않는 부분은 수백 번 다시 읽고, 실패해도 계속 따라 했다. 그러자 조금씩 길이 보이기 시작했다. 내 생각과 태도가 변하고 있다는 걸 느낄 수 있었다.

내가 성공하는 사람들의 방식을 통째로 먹으면서 찾아낸 일곱 가지 실행 도구는 웰씽킹의 뿌리를 만드는 데 큰 도움을 주었다. 처음에는 적용이 쉽지 않았다. 그러나 계속 노력하니 적용의 속도가 점점 빨라지기 시작했다. 꿈을 이루기 위한 일곱 가지 법칙을 한마디로 정리하자면 성공하는 사람들의 공통된 습관이다. 이 습관을 자신의 삶에 적용할 수 있다면 누구라도 성공에 가까이 다가갈 수 있을 것이다.

목표를 분명히 한다

운전할 때 내비게이션에 목적지를 입력하듯이, 한 문장으로 말할 수 있을 정도의 분명한 목표가 있어야 한다. 정확한 목적지를 입력해야만 내비게이션이 잘 작동하듯 인생의 목표도 마찬가지다. 잠실체육관에 갈 사람이 잠실이라고만 입력한다면 내비게이션은 제대로 안내하지 않는다. 명확한 목표는 마치 내비게이션에 목적지를 입력하고 자율주행하는 것과 같다. 이는 곧 자신의 삶에 신념을 심는 이치다.

그런데 사람들의 목표는 생각보다 분명하지 않은 경우가 많다. 부자가 되고 싶다는 것은 목표라고 할 수 없다. 그건 막연한 꿈에 불과하다. 꿈이 이루어지게 하려면 보다 분명한 목표를 정해야 한다. 부자가 되고 싶으면 정확한 목표 액수를 정해야 한다. 예를 들어, '100억 원을 가진 부자가 되겠다', '초밥 사업으로 1000억 원짜리 사업체를 만들겠다' 같은 명료한 목표가 있어야 한다.

분명한 목표를 자꾸 되새기면 어느 순간 목표가 잠재의식 속에 내재된다. 이게 바로 신념이다. 인간의 잠재의식은 의식보다 3만 배나 강력한 힘을 갖고 있다. 10년 전 교통사고를 당한 사람에게 최면을 걸었더니, 자기를 치고 간 오토바이의 색깔은 물론 운전자가 쓰고 있던 헬멧까지 모두 기억했다는 사례도 있다.

이렇듯 잠재의식은 인간이 태어나서 보고 느낀 모든 걸 정확히 기억하고 있다. 의식적으로는 도무지 해낼 수 없는 일들을 잠재의식은 가능하게 만든다. 그렇기 때문에 성공을 위해서는 먼저 분명한 목표를 잠재의식에 새겨 넣어야 한다.

데드라인을 정한다

나는 어릴 때부터 늘 부자가 될 거라고 말했다. 당연히 막연한 희망사항이었으므로 언제까지라는 데드라인이 정해져 있지 않았다. 그래서 부자가 되기까지 많은 시간을 돌아왔다. 그래도 나는 부자가 되겠다는 열망이 강했기 때문에 계속해서 부자에 가까워지고 있었다고 생각한다.

켈리델리를 시작하면서 나는 남들을 이롭게 하여 5년 안에 300억 원의 부자가 되겠다는 목표를 정했다. 5년이라는 데드라인을 정해놓았고, 그때까지 목표를 이루기 위해 최선을 다했다. 그러자 데드라인을 훨씬 앞당겨 목표를 이룰 수 있었다.

구체적으로 상상한다

5년이라는 데드라인을 정한 뒤, 나는 5년 후 어떤 집에 살고 있을 것이고, 어디에 있는 어떤 회사에서 어떤 일을 하고 있을지 자세하게 상상했다. 그때쯤 우리 회사 직원은 몇 명일지, 어떤 사람들이 일하고 있을지도 상상했다. 이른바 시각화 훈련이다.

2부에서 더 심도 있게 다루겠지만, 대부분의 성공한 사람들은 상상력이 뛰어나다. 상상을 통해 시각화된 것들은 추상적인 명제보다 훨씬 쉽고 빠르게 잠재의식 속에 새겨진다. 그래서 잠재의식의 강력한 힘을 발휘하려면 구체적으로 상상하는 힘이 필요하다.

액션플랜을 세운다

감나무 밑에서 아무리 입을 벌리고 있어 봤자 감이 내 입으로 떨어질 확률은 거의 제로에 가깝다. 감을 먹으려면 감나무에 올라가거나 감을 딸 수 있는 긴 장대를 만들어야 한다. 이것이 바로 액션이다. 하기 어려운 걸 하라는 게 아니다. 손쉽게 할 수 있는 아주 작은 일부터 찾으면 된다.

살을 빼고 싶다면 오늘 할 일 세 가지를 정해서 실천하면 된다. 처음부터 하루에 1킬로를 빼겠다거나 운동을 2시간씩 하겠다는 무리한 목표를 정할 필요는 없다. 저녁밥을 10분만 더 일찍 먹겠다거나, 밥을 한 숟가락만 덜 먹겠다거나, 5분만 더 걷겠다거나 하는 등의 어렵지 않게 실천할 수 있는 목표를 정하고 지켜나가다 보면 스스로 자신감이 붙는다.

간혹 다이어트를 계획할 때, '무슨 운동을 할까?'부터 고민하는 사람들이 있다. 우선 밖으로 나가 걸으면서 앞으로 어떤 운동을 할지 생각하라. 내가 할 수 있는 가장 쉬운 일부터 바로 시작하면 된다. 그것이 당장 실행할 수 있는 액션플랜이다. 그러고 나서 좀 더 어려운 액션플랜을 도전하고 실행해나가면 된다.

그런데 사람들은 대개 그 일이 될지 안 될지를 계속 고민하면서 시간을 흘려보낸다. 작은 행동을 하다 보면 될지 안 될지 답이 나오기 마련이다. 그러므로 생각만 하지 말고 즉시 행동하라.

나쁜 습관 세 가지를 버린다

나의 나쁜 습관은 술과 소모적인 유희, 파티였다. 불필요하게 소비되는 시간이 너무 많았기 때문이다. 술을 끊고 파티를 줄여 얻은 시간에는 책을 읽었다. 사업을 시작하고 딸을 키우면서도 틈틈이 책을 읽을 수 있었던 건 나쁜 습관을 버렸기 때문이다. 그렇게 확보한 시간에 읽은 책들은 나의 영혼을 살찌웠고, 사업을 더 큰 안목으로 바라볼 수 있게 해주었다.

보이는 곳마다 한 문장으로 정리된 꿈을 적어둔다

보이는 곳마다 꿈을 언제까지 이루겠다는 문장이 적혀 있으면 그것을 볼 때마다 스스로 자신의 꿈과 데드라인을 상기하게 되어 잠재의식 속에 목표가 강력하게 내재된다. 나는 300억이라는 숫자를 컴퓨터 비밀번호로 정했다. 화장실이며 냉장고, 거울, 책상, 화장대 등 집 안 곳곳에 5년 안에 300억 원을 가진 부자가 되겠다고 써놓았다.

지난해, 남편 생일까지 다이어트에 성공하겠다는 목표를 정했을 때는 휴대전화 비밀번호가 550701이었다. 55킬로를 남편의 생일인 7월 1일까지 달성하겠다고 결심했기 때문이다. 하루에도 수십 번씩 비밀번호를 누르면서 나는 내가 다이어트 중이라는 것을 상기했다.

매일 꿈을 100번 이상 외친다

이루고 싶은 꿈을 한 문장으로 만든 다음에 100번 외치려면 적어도 10분 정도가 소요된다. 나는 더 간절히 이루고 싶은 꿈이 있으면 종이에 100번 쓰기도 했다. 쓰는 것은 외치는 것보다 시간이 더 든다. 그럼에도 불구하고 내가 어린아이 장난처럼 보이는 '꿈 외치기'를 멈추지 않은 것은 우선순위를 분명히 하기 위해서였다. 또한 이는 잠재의식에 내 꿈을 각인시키는 일이기도 했다. 잠재의식에 새겨진 꿈은 내가 의식하지 않은 순간에도 꿈틀거린다. 잠재의식이 내 꿈을 위해 일하기 때문이다.

그렇다. 내가 성공한 사람들의 삶을 통째로 먹어 찾아낸 꿈을 이루는 일곱 가지 법칙은 단순하고 누구나 할 수 있는 것이다. 그러나 하는 사람과 하지 않는 사람의 삶에는 큰 차이가 생긴다. 나에게 성공 비결을 묻는 사람들이 너무나 많이 있다. 그들에게 나는 이 일곱 가지 법칙을 말해준다. 나는 이 일을 꾸준히 반복했을 뿐이다. 할까 말까 고민하는 시간에 일단 해보는 사람들은 알 수 있다. 이 단순한 일이 하루하루 자신의 삶을 놀랍도록 변화시킨다는 것을.

이 일곱 가지 법칙이 목표 달성의 강한 뿌리가 되어준다는 사실을 100일만 실천해도 누구나 알게 된다. 세상의 모든 첫걸음은 보잘것없어 보인다. 그러나 첫걸음을 떼지 않으면 아무것도 이루어지지 않는다. 내게 카운슬링을 받았던 많은 분들이 실제로 이 방법으로 변화하고, 꿈을 이루고 있다.

돈과 공헌 그리고
인격까지 완성될 때

몇 년 전, 나는 《선데이 타임스》의 브루스 밀러 기자에게 인터뷰 요청을 받았다. 《선데이 타임스》는 1822년에 창간한 영국의 대표 신문으로 전통과 권위가 있는 언론이다. 영국의 여론 형성에 큰 영향력을 미치고 있기 때문에 많은 사람이 인터뷰를 희망하는 신문사 중 하나다. 이렇게 큰 신문사에서 나를 인터뷰하고 싶다는 말에 적잖이 놀랐지만, 마음을 가다듬고 그에게 물었다.

"인터뷰 내용이 무엇인지 알 수 있을까요?"

"제가 담고 싶은 것은 여성 사업가의 성공 스토리입니다."

"죄송합니다만, 저는 개인적인 성공 스토리에 대해서는 인터뷰를 하지 않습니다."

남들은 하고 싶어서 안달이 난 유명 신문사의 인터뷰를 나는 왜 거절했을까? 사실 나는 기사나 방송이 나가는 걸 굉장히 중요하게 생각한다. 그래서 마케팅에 도움이 된다면 뭐든지 열심히 활동했다. 하지만 회사의 성장 과정이 아니라 내가 돈을 번 이야기에 대해 묻는다면 대답하지 않았다. 단순히 돈을 번 이야기는 회사나 내게 아무 도움이 되지 않기 때문이다. 오히려 잘 성장하고 있는 회사에 피해를 줄 수도 있다고 판단했다.

사업가는 항상 입이 무거워야 한다. 함부로 자신의 이야기를 해서는 안 된다. 말 한마디를 어떻게 해석하느냐에 따라 회사의 존망이 결정된다. 그렇게 되면 의도치 않게 헌신적인 직원들이 피해를 받는 상황도 발생할 수 있다.

하지만 브루스 밀러 기자는 이런 게 기자 정신인가 싶을 정도로 끈질겼다. 그래서 그에게 개인적인 재산 이야기는 강조하지 않는 조건으로 인터뷰를 허락했다. 베테랑 기자답게 인터뷰는 물 흐르듯 진행되었다. 약속한 대로 기사에 숫자는 단 하나도 기입되지 않았다. 내가 얼마나 많은 재산을 가졌는지, 수입이 얼마나 되는지 등의 개인적인 것보다는 회사와 관련된 이야기가 담겼다.

켈리델리의 비전과 철학, 직원들의 기여도나 제품이 만들어지는 과정만이 보도됐다. 무엇보다 얼마나 철저히 재료를 선별하고 위생을 중요하게 여기는지, 지구를 해치지 않는 경영 마인드의 본질이 무엇인지 인터뷰했다. 대부분의 성공 스토리에 대한 기사처럼 자극적인 요소 없이도 진심을 담을 수 있었다. 이 인터뷰 덕분에 회사도 실질적인 홍보 효과를 얻게 되었다.

그런데 얼마 지나지 않아 다시 인터뷰 요청이 왔다. 나의 영국 부자 리스트 순위가 더 상승되었다며, 꼭 인터뷰를 하고 싶다는 내용이었다. 〈Sunday Times Rich List 2020〉이라는 제목의 기사를 확인해보니 나와 남편 제롬의 이름이 345위에 있었다. 당시 영국의 엘리자베스 여왕이 372위에 있었고 축구스타 베컴 부부가 354위였으니, 신문사 입장에서는 나의 스토리가 아주 좋은 기삿거리였을 것이다. 하지만 나는 원칙대로 바로 거절했다.

미국의 종합 경제지인 《포천》에서 매년 500대 기업을 선별해 발표하는 것처럼, 《선데이 타임스》는 매년 영국의 부자 리스트를 만들어 특집 기사를 통해 보도한다. 사실 영국에서 내로라하는 부자들 중에 여성 사업가가 별로 없고 동양 여자는 더더욱 희소했기에 여러 번 인터뷰 요청을 받았다. 하지만 돈을 번 이야기는 신중하고 또 신중해야 했다. 거듭해서 거절 의사를 밝혔다.

그러나 브루스 밀러는 끈질김의 대명사가 아니었던가. 나는 이번에도 일반적으로 사람들이 궁금해하는, 돈은 얼마나 벌었고, 얼마나 좋은 집에서 살며, 얼마나 좋은 차를 타는지에 대한 내용을 인터뷰할 수는 없다고 했다. 당연히 집도 보여줄 수 없다고 딱 잘라 말했다. 그래서 런던에 있는 우리 회사의 초밥 매장에서 인터뷰를 하게 되었다. 인터뷰 중에는 영국의 부자 순위를 나타내는 공식적인 숫자 이외에 다른 숫자는 다루지 않았다.

애초 부자 순위를 가지고 돈 이야기를 하는 인터뷰였지만, 그저 현재의 성공만을 이야기하지는 않았다. 오히려 사업이 망해 10억 원이라는 큰 빚을 지고 죽으려고 했는데 엄마 때문에 죽지 않고 살아서 다시 사업에 도전한 이야기와 시골에서 태어나 먹고살기도 힘들었던 시절에 대한 회상, 어떤 어려움과 노력을 거쳐 사업을 일구었는지 대한 이야기를 했다. 이 인간적인 이야기는 사람들에게 큰 공감을 얻었고 켈리델리의 이미지에도 좋은 영향을 끼쳤다.

내가 이토록 부에 대해 말하는 것을 신중하게 생각하는 이유는 마치 부와 돈을 같은 것으로 착각하는 사람들이 있기 때문이다. 돈은 부의 일부이지 전부가 아니다. 진정한 의미의 부란 나에게 들어오는 돈을 다른 곳으로 새지 못하게 막는 것이 아니라 나를 통해 다른 사람에게까지 전달하는 완전한 과정, 선한 영향력을 확대하는 일이다. 그런 의미에서 부자는 단순히 돈이 많은 사람을 의미하는 게 아니다. 부자란 남을 돕기로 결심하고 사회적인 공헌을 실천하면서 인격적으로 완성된 사람을 일컫는다. 즉, 돈과 공헌 그리고 인격까지 완성될 때 비로소 부자라고 말할 수 있다.

나는 지독히도 가난한 어린 시절을 보냈던 터라 돈과 성공이 곧 행복을 가져다줄 것이라고 믿었다. 그래서 언제나 더 높은 곳으로 오르려고 노력했다. 승승장구하는 것처럼 보였지만 파리에서 사업에 실패하고 지옥보다 고통스러웠던 나날을 보냈을 때까지도 이 생각은 변하지 않았다. 다시 살아보겠다고 다짐하며 깨달은 사실이었지만, 나는 부의 개념을 잘못 세워 실패를 면치 못했다는 것을 알게 되었다. 나는 그 이후로 돈, 공헌, 인격이라는 3요소를 모두 갖추기 위해 부단히 노력했다.

단순히 돈 많은 부자가 아니라 진정한 성공을 거둔 사람들은 기꺼이 자신의 성공 노하우를 다른 사람에게 전하고 싶어 한다. 그들은 돈의 액수가 행복을 결정하지 않는다는 것을 안다. 돈으로부터 자유로워지는 것도 물론 중요하지만, 돈으로 인한 풍요를 가족과 친구, 이웃들과 나누지 않으면 돈이 아무리 많아도 외로울 뿐이다. 빌 게이츠나 워런 버핏 같은 세계적인 부자들은 그걸 알기에 자신의 재산을 인류와 지구를 위해 아낌없이 내놓는 것이다.

과거의 나는 돈을 받아들이는 것에 급급해 결국 사업에 실패하고 말았다. 지금의 나는 돈을 어떻게 흘려보낼 것인지를 계획하고 실천했기 때문에 상상할 수도 없었던 부를 거머쥐었다. 개인적인 성공보다는 내가 몸담은 공동체를 위해 건강하고 맛있는 초밥을 만들고, 이민자와 현지인들에게 일자리를 제공하는 걸 우선순위로 삼았다. 세계 최고의 초밥을 만들어 타인에게 반드시 공헌하겠다는 그 마음이 햇살이 되어 나의 앞날을 환하게 밝혀준 것이다.

인류는 진화와 발전을 거듭해왔다. 무엇보다 다른 사람을 돕기 위한 부를 가지려는 사람들에 의해 계속 발전했다. 만약 타인이 아닌 오로지 자신만을 위해 부를 모으는 사람들이 득실거렸다면 인류는 이렇게 발전하지 못했을 것이다. 온 우주의 에너지는 다른 사람을 위해 부를 축적하겠다는 사람들에게 향한다. 그렇기에 당신이 부를 거머쥐려는 목적이 타인을 향해 있다면 반드시 부자가 될 수 있을 것이다. 그러나 당신이 당장 내 잇속만 차리고, 타인에게 돈이 흐를 수 있도록 도울 수 없다면 포기하는 편이 좋다. 언젠가는 반드시 무너질 것이기 때문이다.

그러므로,
진정한 부의 개념을 잘 세우고
원하는 곳을 향해 나아가길 바란다.

"대신 돈은 오픈하고
벌어서 갚으세요."

요즘은 오피스리스 형태의 사업이 성행해 사무실이 없는 회사를 이상하게 보지 않지만, 내가 켈리델리 사업을 시작하던 때만 해도 의심스럽고 이상하다는 편견이 많았다. 당시에는 번듯한 사무실을 두고도 투자를 유치받기 위해 사업설명회를 5성급 호텔에서 하는 경우도 흔했기 때문이다.

창업 초기에 켈리델리는 손님이나 협력 업체와 얘기를 나눌 수 있는 사무실이 없었다. 그저 직원 수에 맞게 자그마한 공간을 빌려 쓸 뿐이었다. 고정비용으로 나가는 돈이 아까웠다. 무엇보다 우리 회사는 현장 위주의 활동이 많았기 때문에 큰 공간은 별로 필요하지 않았다.

나는 그런 외형이 아니더라도 켈리델리가 반드시 성공할 것이라는 믿음이 있었고, 점주들을 설득할 자신이 있었다. 하지만 자랑할 만한 사무실도 없고 현장에 매장도 없는 상황에서 우리를 믿게 하기란 쉬운 일이 아니었다. 그래도 우리를 믿고 함께하기로 한 사람들이 있었다. 그런 우리를 믿었다는 건 우리의 비전을 신뢰했다는 의미다. 그 뒤로 켈리델리는 유럽의 많은 나라에서 새 매장을 열 때에도 무리해서 사무실을 크게 열지 않았다.

처음에는 제대로 된 사무실이 없다는 것이 심적으로 조금 위축되기도 했지만, 단점보다는 장점이 훨씬 더 많았기에 그대로 방침을 유지하게 되었다. 켈리델리가 알려지지 않았을 때는 미심쩍은 시선을 보내는 사람들이 많았으나 지금은 오히려 고정비용을 아껴 직원과 점주에게 돌려주는 회사라고 긍정적으로 보는 사람들이 더 많아졌다. 그야말로 내실 있는 회사라고 유럽에서 정평이 난 것이다.

맛있는 음식으로 즐거움을 전하겠다는 여러 사람의 뜻이

모여 마침내 2010년 8월, 리옹에서 켈리델리 1호점을 오픈했다. 첫날부터 한마디로 대박이 났다. 우리가 입점했던 프랑스 최대 대형마트인 C사에서는 이른바 '오픈빨'이 아닐까 우려했지만, 열흘이 지나고 한 달이 지나도 손님은 줄지 않았다. 초밥을 만들어서 진열할 시간도 없이 팔려나갔다. 손님들은 오랜 시간 기다려야 함에도 짜증은커녕 초밥 만드는 과정을 쇼처럼 흥미진진하게 지켜보았다. 덕분에 2호점도 파리 지점의 주요 통로에서 오픈하게 되었다.

켈리델리 지점은 계속 늘어났다. 돈을 벌 수 있다는 소문이 나자 중국인들이 현찰을 들고 찾아오기 시작했다. 가맹비는 국가나 도시에 따라 차이가 있는데 대개 1~7만 유로 정도였다. 나는 가맹점을 맡겨 달라며 가방 가득 돈다발을 싸 온 중국인을 별생각 없이 경리과로 보냈다. 곧장 남편이 나를 찾아왔다.

"켈리, 현찰로 2천 유로가 넘으면 어디서 생긴 돈인지 반드시 신고해야 돼. 분명히 신고 안 한 돈일 거야."

제롬의 말이 옳았다. 중국인들 중에는 담배나 전화카드, 로또 등 현찰이 오가는 장사를 하는 사람들이 많았다. 그들 대부분이 수입을 제대로 신고하지 않아 문제가 되었다. 현찰을 받을 수 없다고 하자 중국인은 제발 받아달라고, 현찰밖에 없다고, 꼭 가맹점을 하게 해달라고 통사정했다. 나와 남편은 잠시 고민했다. 남의 땅에 와서 어렵게 돈을 벌어온 사람이었다. 담배만 팔아서는 절대 큰돈을 벌 수 없을 터였다. 남루한 차림새를 보니 그가 지금까지 얼마나 아등바등 살아왔는지 묻지 않아도 알 수 있을 것 같았다. 우리는 기지를 발휘해 역으로 제안했다.

"현찰은 받지 않겠어요. 이걸 받으면 어디서 어떻게 얻은 돈인지 신고해야 하고, 그럼 당신에게도 문제가 생길 거예요."

그는 실망하는 기색이 역력했다.

"같이 합시다. 대신 돈은 오픈하고 벌어서 갚으세요."

영문을 모르겠다는 듯 그가 멍하니 눈만 깜빡거렸다.

"켈리델리는 반드시 성공할 거예요. 그러니까 켈리델리 가맹점으로 돈을 벌어서 가맹점비를 내세요."

"사업을 그렇게 해도 됩니까?"

"네, 됩니다. 켈리델리는 성공할 것이고 당신은 반드시 가맹점비를 갚을 테니까요."

감격해서 돌아간 그는 당연히 성공하여 몇 달 만에 가맹점비 전액을 낼 수 있었다. 그 뒤, 이 소문이 퍼져 가맹점을 내겠다는 사람이 몇백 명씩 줄을 서서 대기하게 되었다. 나는 그 뒤로도 몇 번 돈을 받지 않고 가맹점부터 내주었는데, 그들 모두 앞선 중국인처럼 현찰을 들고 온 사람들이었다.

돈 한 푼 없이 찾아와서 가맹점을 내게 해주면 벌어서 갚겠다고 하는 사람들도 있었다. 나는 그런 사람들은 믿지 않았다. 그들은 현찰을 싸들고 온 사람들과는 마음가짐이 달랐다. 아무것도 걸지 않고 입으로만 약속하는 사람들은 대개 약속을 지키지 않는 경우가 많다. 그러나 현찰을 들고 온 사람들은 현찰이 문제가 될 수 있다는 것을 몰랐을 뿐 거저 얻겠다는 마음이 아니었다. 그런 사람들은 반드시 약속을 지킨다는 걸 나는 알고 있었다.

평생 남의 땅에서 외롭게 고군분투했을 그들에게도 성공할 기회를 주고 싶었다. 그들은 내 선의를 고맙게 받아들였고 최선을 다했으며 켈리델리의 초창기부터 지금까지 가족처럼 함께하고 있다.

나는 나만의 성공을 위해 켈리델리를 만들지 않았다. 나는 이미 행복해졌으니 나와 함께하는 모든 사람이 나처럼 행복해지기를 원했다. 그런 마음이었기 때문에 켈리델리에 기회를 준 C사의 화장실 청소도 할 수 있었던 것이고, 가맹점비를 후불로 받을 수 있었던 것이다. 그리고 이런 나의 비전을 C사와 야마모토 선생 그리고 로즈마리, 수백 명의 가맹점주와 직원들이 공유했기에 한마음 한뜻으로 나아갈 수 있었다.

나는 돈이 없어서 망해본 경험이 있다. 그래서 다시 사업을 시작할 때 절대 망하는 회사는 만들지 않겠다고 다짐했다. 100년 가는 회사를 만들려면 단순히 돈을 벌겠다는 것 이상의 비전이 있어야 했다. 그 비전을 이루게 만드는 뿌리가 바로 내가 실패를 통해 깨달은 웰씽킹이었다.

사업가는 돈을 벌어야 한다. 돈을 벌지 못하는 사업가는 죄인이다. 사업가가 돈을 벌지 못하면 직원과 그 가족들까지 길거리에 나앉게 된다. 나는 회사가 망해 죄인이 되어본 적도 있다. 다시는 죄인이 되고 싶지 않으므로 반드시 돈을 벌어야 한다고 생각한다. 다만 내가 돈을 버는 목적은 단순히 부자가 되는 것에 있지 않다.

　나는 웰씽킹이 빈자와 부자를 나누는 결정적 요인이라고 본다. 앞서 부자의 자질과 조건에 대해 설명하면서 돈과 공헌 그리고 인격을 갖춰야 한다고 언급한 바 있다. 빈자도 단순히 돈이 없는 사람을 지칭하는 게 아니다. 공헌할 마음이나 인격을 갖추지 못한 상태를 말한다. 지금은 비록 금전적인 어려움을 겪더라도, 공헌하고 싶은 마음과 인격을 갖춘 인재라면 그 사람은 부자에 가깝다고 할 수 있다.

　빈자와 부자의 생각하는 방식 차이는 겉으로만 봐도 어떤 결과를 만들어낼지 단번에 예상할 수 있다. 돈은 없더라도 성실하고 인간미가 넘치는 사람을 돕고 싶은 게 인지상정이다. 그런 사람은 반드시 기회를 얻는다. 나뿐만 아니라 함께 상생하려는 사람을 어떻게 지나칠 수 있겠는가. 나는 같은 돈을 가지고도 더 좋고 의미 있는 일에 쓰는 이런 사람들이 돈을 가져야 한다고 생각한다.

　지금 내가 한국에서 버는 돈 중에서 인세나 강연비 등은 전액 기부하고 있다. 당신이 읽고 있는 이 책의 인세도 도움이 필요한 곳에 전액 기부된다. 유럽에 1000개 이상의 매장을 갖고 있는 요즘도 Win-Win-Win(슈퍼와 가맹주 그리고 켈리델리)이라는 켈리델리의 비전은 변하지 않았다. 함께 상생하겠다는 비전, 그 비전이 켈리델리를 성장시켰던 가장 큰 원동력이자 성공 법칙이었다고 자부한다.

1년에 걸쳐
대서양을 횡단했다

켈리델리 사업을 시작한 지 5년 만에 나는 보통 사람의 상상을 초월하는 자산가가 되었다. 이렇게 완벽한 순간에 나와 남편은 그룹의 경영 일선에서 스스로 물러났다. 우리 부부가 처음으로 경영에서 손을 뗀 것은 남편의 평생 꿈이던 요트여행 때문이었다. 우리가 1년간 직원들에게 회사를 맡기고 요트여행을 떠난다고 했을 때 모든 사람이 우리를 말렸다. 왜 잘 성장하고 있는 회사를 더 키우려고 하지 않느냐는 것이었다.

남편 제롬의 말을 처음 들었을 때, 내 반응 또한 그랬다. 잘 다니던 글로벌 기업을 퇴사하고 함께 사업을 하던 제롬이 어느 날 내 눈을 똑바로 보며 말했다.

"켈리, 나는 가족과 대서양을 횡단하는 게 어릴 때부터 꿈이었어."

나는 그 말을 흘려들었다.

"응. 나중에. 정년퇴직하고 가자. 같이 가면 정말 좋겠다."

그러자 제롬은 정색을 하고 다시 또박또박 말했다.

"켈리. 내 말 잘 들어. 나는 지금 가고 싶다는 거야."

"미쳤어? 일주일 내내 일해도 모자랄 판에 그게 말이 돼?"

"켈리. 더 나이 들면 힘들어서 못 가. 돛을 손으로 올렸다 내렸다 해야 하는데 늙으면 할 수가 없어. 돈 버는 일은 언제라도 할 수 있잖아? 그러니 우선 조사부터 하고 가능성을 전부 검토한 다음에 갈 것인지 안 갈 것인지를 결정하자. 마음을 열고 함께 조사하다 보면 좋은 선택을 할 수 있을 거야. 그리고 요트를 주문하면 완성까지 2년쯤 걸려. 그 사이에 직원들을 훈련시키면 되잖아?"

오랜 꿈이었으니 그렇게 말할 수 있었겠지만, 나는 제롬의 설득에도 불구하고 불가능한 일이라고 생각했다. 앞으로 2년을 준비한다고 하더라도 창업 5년 만에 오너가 손을 뗀다는 게 가능하단 말인가. 아마 죽도 밥도 안 될 터였다. "Non!"이라고 단호하게 외치려던 순간, 문득 엄마의 말이 떠올랐다. 엄마는 내가 열여섯에 옷 보따리 하나만 들고 서울 와이셔츠 공장으로 떠날 때부터 결혼 전까지 입만 열면 이렇게 말했다.

"남자는 다 도둑이다. 절대로 남자 믿지 마라."

그러던 엄마가 제롬을 보자마자 그랬다.

"제롬 말 잘 들어라. 뭐든지 제롬이 하자는 대로만 해라."

제롬은 지금도 한국말이 서툴지만 결혼 무렵엔 한마디도 하지 못했다. 그러니 제롬과 엄마 사이에 어떤 말이 오갈 리도 없는데 엄마는 제롬을 전적으로 신뢰하게 되었다. 왜 그런지는 지금도 잘 모른다. 그냥 무조건 제롬이 하자는 대로 하라고 했다.

사실, 마지막까지 내 결정을 망설이게 했던 것은 딸의 학교 문제였다. 당시 딸아이는 학교에 입학할 시기였다. 나는 딸이 학교생활을 시작하지도 못한 채 여행을 떠나면 어린 시절의 나처럼 공부를 못할 것 같아 걱정이 앞섰다. 그래서 남편에게 딸아이의 학업 능력을 위해서라도 세계여행은 무리라고 했다. 그러다 어느 순간, 오히려 학교에서 가르쳐주지 않는 것을 더 많이 배울 수 있는 기회라고 생각하게 되었다.

결국, 엄마의 말대로 나는 제롬의 말을 따르기로 결정했다. 나는 제롬과 함께 각종 세일링 요트 박람회와 각종 세미나에 참석하며 공부를 시작했다. 세일링 요트를 주문한 뒤, 완성될 때까지 요트를 조종하기 위한 다양한 교육을 받았다. 그리고 회사에 출근해서는 직원들을 훈련시키기 위해 다양한 커리큘럼을 연구하고 적용했다.

그러나 떠나는 순간까지 회사가 잘 돌아가리라는 확신은 생기지 않았다. 2년에 걸쳐 만반의 준비를 했음에도 나는 바다 위에서 안전할 수 있을지 불안했다. 너무 불안했던 나머지 나는 제롬에게 한 가지 단서를 붙였다. 내가 돌아가자고 하면 무조건 돌아가기로. 제롬은 각서를 썼다. 다행히 1년 동안 나쁜 일은 생기지 않았다. 그리고 우리가 없는데도 회사는 계속해서 성장했다. 사소한 문제들이 전혀 없진 않

았지만, 그런 과정을 통해 직원들이 성장할 수 있었고 손해 또한 크지 않았다.

요트 여행을 마치고 돌아왔을 때, 더 이상 나는 이전의 내가 아님을 느낄 수 있었다. 무엇보다 부에 대한 새로운 깨달음을 얻게 되어 세상이 완전히 다르게 보였다. 진정한 부는 돈의 크기에 있지 않다는 깨달음이었다. 나와 제롬이 요트여행을 떠나지 않고 전처럼 일주일 내내 일만 했다면, 우리의 재산은 조금 더 불어났을지 모른다. 그러나 가족 간의 끈끈한 유대감, 직원과 오너 간의 확고한 신뢰는 얻지 못했을 것이다.

여행 전에 많이 걱정했던 딸의 교육도 전혀 문제가 없었다. 항해를 하지 않는 날은 남편이 프랑스 학교에서 보내준 교재로 딸의 교육을 맡았다. 나는 딸이 한국어를 놀이처럼 재밌게 익힐 수 있도록 매일 읽고 쓰는 일을 가르쳤다. 그결과, 확실히 여행하며 오감으로 익힌 것이 달라서 그런지 딸아이는 풍부한 사고력과 창의력 그리고 탄탄한 어휘력을 갖게 되었다.

2019년, 나와 제롬은 경영자의 자리에서 아예 물러났다. 코로나로 유럽이 셧다운 위기에 처했지만 우리 회사는 큰 타격을 입지 않았다. 나 없이도 회사는 여전히 성장하고 있다. 지금은 회사 이사회의 이사로 일하면서 혁신을 위한 새로운 사업 콘셉트와 아이템을 제시하고, 외부에서도 여러 개의 회사를 창업하면서 CEO들을 코칭하고 있다. 직접 경영을 할 때에 비해 수십, 수백 배의 시간적 자유를 얻었다. 서른 개가 넘는 회사를 간접 운영하면서, 여유 시간을 내 남편과 아이, 엄마, 형제자매, 그리고 친구들에게 할애하고 있다.

대서양 횡단은 새로운 삶의 항로를 개척한 결정적인 계기가 되었다. 그 후 평생 돈만 좇았다면 알 수 없었을, 인간으로서 가장 본질적인 삶을 살고 있다. 그 본질은 동행이며 나눔이다. 한국의 젊은이들에게 나의 노하우를 전수하기 위해 다양한 활동에 전심을 다하고 있다. 시간이 지날수록 그들을 더 깊이 이해하고 사랑하게 되었고, 그 덕분에 내 주변에 좋은 사람들이 점점 더 많아지고 있다.

예전이라면 돈을 벌기 위해 투자하고 있을 시간에 나는 인스타그램이나 온·오프라인 강연 등을 통해 수많은 사람과 소통하고 있다. 그러면서 누군가에게는 꼭 필요한 도움을 주고, 또 누군가로부터는 꼭 필요한 도움을 받기도 한다. 경영자일 때 나는 우리 회사와 연관된 6천 명에게만 영향을 미칠 뿐이었지만, 지금은 수십만 명의 사람들에게 영향을 미치고 있다.

부자에 대한
르상티망이 있는가

나는 사람들에게 부를 이룬 노하우를 전하면서, 어떤 이유에서인지 돈을 악의 근원처럼 보는 사람이 많다는 걸 알게 되었다. 처음 '돈보다 다른 무엇이 더 중요하다'라는 말을 들었을 때에는, 물질적인 삶을 지양하기 위한 도덕적인 처세라고 생각했다. 하지만 얼마 지나지 않아 나는 이것이 부자에 대한 르상티망Ressentiment에서 기인한 태도라는 걸 깨달았다. 르상티망은 약자가 강자에게 품는 증오, 복수, 격정, 질투, 분노 같은 게 뒤섞인 감정이다. 독일의 철학자 니

체가 제시한 개념이며 내가 간단히 정의한 것보다 훨씬 더 폭넓은 의미를 담고 있다.

약자가 강자에게 갖는 시기심, 이에 대한 생각을 조금만 비틀면 새로운 관점으로 볼 수 있다. 그렇다면 약자는 강자가 되기 싫을까? 약자는 계속 약자로 남고 싶어 할까? 그렇지 않다. 시기심의 밑바탕에는 탐심이 있기 때문이다.

'돈보다 행복이 중요하다', '돈보다 건강이 중요하다', '돈보다 가족이 중요하다' 등처럼 돈보다 무엇이 더 중요하다는 글이나 말을 접할 때마다 나는 위태롭다고 느낀다. 삶은 갖가지 요소들이 균형을 이룰 때 비로소 안정을 느낄 수 있다. 돈만 많다고 행복한 것도 아니며, 가족과 화목하다고 걱정이 없는 건 아니라는 말이다. 행복, 건강, 가족, 돈 등의 모든 요소를 골고루 갖춰야 한다. 그렇기 때문에 돈도 다른 요소처럼 중요하다.

당신에게도 부자에 대한 르상티망이 있는가. 돈이 많은 사람은 왠지 탐욕적이고 성적으로 문란할 것 같으며 법의 테두리 밖에서 사회를 조롱한다고 생각하는가. 특별한 이유 없이 부자에 대해 불쾌해하는 비합리성을 가지고 있는지 묻는 것이다. 그런 게 아니라면 다행이지만, 있다고 해도 괜찮다. 감정은 일종의 학습이기 때문에 노력으로 충분히 개선할 수 있다.

그렇다면 부자에 대한 부정적인 시각은 어떻게 만들어질까? 생각보다 우리가 학습하는 방법은 놀라울 정도로 단순하다. 드라마, 영화, 음악, 뉴스 등을 통해 가장 많이 학습한다. 다양한 매체를 통해 접하는 부자의 부정적인 이미지들이 각인되는 순간, 마치 돈을 악의 근원처럼 여기게 된다. 주변에 대업을 이뤄 부자라고 부를 만한 사람이 없어 표본이 없으니 그대로 수용하는 것이다. 정말 의아한 점은 그렇게 각인이 된 상태에서도 많은 사람이 부를 원한다는 사실이다.

부를 원하는가? 그렇다면 부자와 돈에 대한 위악적인 생각부터 떨쳐야 한다. 사실 당신도 부를 갖고 싶지 않은가. 속으로 부만 이룰 수 있다면 소원이 없겠다고 말하지 않았는가. 그렇다면 당신이 원치 않았는데도 학습된 부자와 돈에 대한 부정적인 관념을 모두 지워야 한다. 이번 기회에 경제적 자유를 누리겠다고 결심했다면, 펜과 종이를 준비하고 다음 내 질문에 솔직히 답하라.

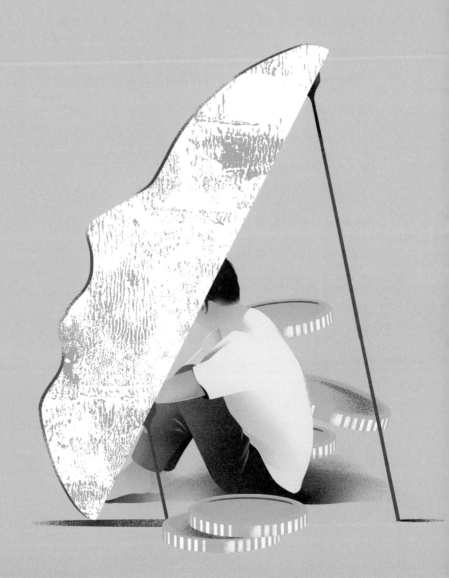

첫 번째 질문,

'당신에게 부자란 무엇인가?'

두 번째 질문,

'당신에게 돈이란 무엇인가?'

당신이 쓴 글을 다시 한번 보라. 부자와 돈에 대한 당신의 감정은 어떠한가. 어릴 적, 돈에 대해 어떤 이야기를 듣고 자랐는가. 당신이 생각하는 부자의 이미지는 어떠한가. 누가 그런 이미지를 심어주었는가. 당신이 지금껏 봐왔던 켈리 최는 탐욕의 상징이라고 생각하는가. 나 또한 부자와 돈에 대해 그렇게 생각했던 적이 있었다. 하지만 웰씽킹을 통해 부정적인 굴레에서 벗어났다.

내가 생각하는 부자란 이렇다

착한 사람, 남을 돕는 사람, 사랑할 줄 알며 사랑받을 줄 아는 사람, 존경받는 사람, 너그러운 사람, 열심히 살아온 사람, 친구가 되고 싶은 사람, 주변을 보살피는 사람, 지혜로운 사람, 사람을 살리는 사람, 자기 결정권이 있는 사람,

사회의 이익을 위해 앞장서는 사람, 동물을 아끼는 사람, 환경을 보호하는 사람….

내가 생각하는 돈이란 이렇다

많아야 하는 것, 남을 도울 수 있는 수단, 있으면 편리한 것, 대부분의 해결책, 꼭 있어야 하는 것, 노력의 결과, 나눌 수 있는 것, 보람의 상징, 병을 고치게 해주는 것, 여유로움, 엄마에게 주고 싶은 것….

부자와 돈에 대한 내 생각이다. 부정적인 생각은 조금도 없다. 나의 잠재의식 속에 깃든 부자와 돈에 대한 긍정적인 생각은 지금 여기까지 나를 이끌었다. 만약 내가 부자와 돈에 대해 욕하고, 저주하고, 멸시하는 사람이었다면 지금의 켈리 최는 없었을 것이다.

나는 웰씽킹으로 돈에 대한 긍정의 가치들을 잠재의식 속에 투영했다. '돈 버는 것은 쉽고 재밌다', '돈은 착하고 행복을 부른다', '돈은 무한하다'라고 반복해서 말했다. 돈은 한정되어 있어서 나눠야 하며, 내가 가지면 다른 사람의 몫까지 빼앗는 것이라고 생각하는 사람들이 있다. 이는 잘못된 생각이다. 부자들은 돈을 무한하다고 여기고 실제로도 그렇다.

'부자다', '돈이 많다'는 단지 결과일 뿐이다. 결과에는 반드시 원인이 있다. 원인의 본질은 생각이다. 나는 부자가 되기 위해 생각을 바꿨다. 웰씽킹하기 시작했다.

생각이 감정을 부르고 감정이 행동을 부르고 행동이 결과를 불러온다는 사실을 잊으면 안 된다. 부자는 사기꾼, 욕심쟁이, 갑질하는 사람, 나쁜 사람이 아니다. 그렇게 행동한 몇몇 사람이 있었을 뿐이다. 건강과 사랑, 행복처럼 부도 중요하고 꼭 이뤄야 하는 것이다. 잠재의식 속에 숨어 있는 부자와 돈에 대한 나쁜 의식을 모두 지워라.

이렇게 확언하는데도 내면의 부정적인 요소들을 잠재울 수 없다면 선언을 추천한다. 선언은 내가 먼저 말을 하고 실천하는 일이고, 확언은 이미 일어난 일을 말로 되풀이하는 것이다.

예를 들어 '나는 백만장자의 생각 파워를 가지고 있다'라고 확언하면 '거짓말하지 마, 너는 백만장자가 아니잖아?'라는 말이 떠오를 수 있다. 그러니 나는 그런 사람이 아니지만 해낼 거라고 선언해야 한다. 부를 창조하는 웰씽킹의 힘이 잠재의식에 잘 뿌리내리도록 정성을 다하라. 한 치의 부정적인 생각도 허용하지 말고 한없이 긍정적인 태도로 선언하라.

선언할 때는 마치 그렇게 되고 있는 것처럼 상상하며 오감으로 느껴야 한다. 느껴지는 즉시 행복감을 표출해야 한다. 이 선언문을 매일 하루에도 몇 번씩 낭독하길 권장한다. 100일만 해도 당신의 현금 흐름이 아주 좋아질 것이다. 돈에 대한 내적 태도가 달라져 언행에 변화를 가져오기 때문이다.

아직도 부자가 되고 싶다면서 부자와 돈을 미워하는가? 그래도 괜찮다. 이제 막 시작했을 뿐이다. 부자들에게는 부자들의 착한 이야기가 잘 들려온다. 코로나 때문에 매출이 줄었지만 직원을 위해 월급을 올려줬다는 이야기, 월세를 내려줬다는 이야기, 재해민에 기부했다는 이야기 등 부자의 선행은 너무나도 많다.

이런 말을 듣고도 내면에서 부자에 대해 부정적인 생각이 든다면 당신은 부자가 되기 힘들 것이다. 당신의 잠재의식이, 당신이 부자가 될 수 없도록 붙잡고 있기 때문이다.

진정 부를 원한다면 더 이상 부를 미워하지 마라.

지금 당장,

부에 대한 위악을 버리고

돈을 위하는 마음으로 웰씽킹하라.

Kelly's
Page

백만장자의 선언문

- 나는 부를 통해 내가 원하는
  최고의 것을 누릴 것이다.

- 나는 부를 통해 내가 사랑하는
  모든 사람을 도울 것이다.

- 나는 나에게 오는 어마어마한 돈과 풍요를
  얼마든지 받아들일 것이다.

- 나는 지금 당장 엄청난 행운과
  좋은 기회들을 받아들일 준비가 되어 있다.

- 내가 저축하는 모든 돈은 나를 위해
  더 큰 부와 풍요를 가져다 줄 것이다.

- 내가 지출하는 모든 돈도 더 큰 부와
  풍요를 가지고 내게 다시 돌아올 것이다.

- 나는 돈을 사랑하며,
  반드시 부자가 될 것이다.

- 나의 순자산이 복리 성장하고,
  기하급수적으로 늘어날 것이다.

- 다양한 방법을 통해서 수입이
  점점 늘어남에 행복하고 감사하다.

- 나는 백만장자의 생각 파워를 가지고 있다.

- 돈은 내가 원하는
  모든 선한 꿈을 이루도록 돕는다.

- 나의 삶은 모든 면에서 풍요롭고 여유롭다.

- 나는 정신적, 신체적으로 모두 건강한 부자다.

당신은 이미
성공의 불씨를 얻었다

당신을 부자로 만드는 것은 수입이 아니다. 한 달에 200만 원의 월급을 받는 사람이 있다고 가정해보자. 이 사람은 200만 원에 상응하는 생활 패턴을 가지고 가계를 꾸릴 것이다. 식비부터 공과금, 저축과 보험, 자기계발비 등, 그리고 200만 원이라는 수입에 맞춰 생활하지 않으면 곧 어려움이 닥칠 것이다. 대부분의 사람은 이런 상황을 극복하고 금전적으로 여유로운 삶을 살고자 더 많은 수입을 원하게 된다. 하지만 아쉽게도 더 많은 수입을 얻는다고 부자가 될 수 있는 건 아니다.

이 사람이 시간의 흐름에 따라 300만 원, 500만 원 그리고 1000만 원의 월급을 받게 된다고 하더라도 마찬가지라는 말이다. 월급이 오르면 그에 상응하는 생활 패턴을 갖게될 것이고, 향후 상승될 월급에 대한 기대심리까지 반영되어 소비는 더 늘어날 가능성이 농후하다. 즉, 부자가 되는것은 수입이 아니라 소비 습관에 달렸다.

역사상 돈은 한순간도 인간의 관심 밖에 있었던 적이 없다. 까마득한 아주 먼 옛날에도 잉여 산물이 물물교환의 형태를 띠고서 화폐로 사용되었다. 지금은 또 어떠한가. 비트코인이라는 새로운 화폐의 등장과 주식에 대한 지대한 관심, 거기다 금에 다이아몬드까지, 인류의 역사는 돈의 역사라고 봐도 무방할 정도다. 다만 돈에 대한 관심은 어떻게된 일인지 '수입'에만 초점이 맞춰진 듯하다.

사실 부자인지 아닌지는 생각보다 돈을 많이 버는 것과는 상관이 없다. 그 이유는 간단하다. 돈을 많이 벌면 많이쓰기 때문이다. 진짜 부자인지 알기 위해서는 돈을 쓰고 남은 순자산이 얼마인지를 봐야 한다.

나는 한 달에 한 번 순자산이 얼마인지를 계산한다. 자산이 줄어들고 있는지 늘어나고 있는지를 객관적으로 살펴보고 소비와 지출을 통제하는 것이다. 순수 현찰과 지금 당장 현금화할 수 있는 자산이 얼마나 있는지, 회사의 운영 자금을 제외한 자산과 수입과 지출의 차이를 계산해본다.

그런 의미에서 지출을 통제하는 게 부자로 들어서는 관문이라고 볼 수 있다. 좋은 차를 타고 명품 옷을 입어 부자처럼 보이는 사람들이, 알고 보면 자산은 별로 없는 경우가 많다. 그들은 생활을 유지하기 위해 또 일을 해야만 한다. 가장 중요한 것은 저축하고 종잣돈을 만들어 돈을 불릴 만한 일에 투자하는 것이다. 당장의 욕구를 해소시키기 위해 함부로 소비해선 안 되며, 또 소비 그 자체를 경제력과 자산으로 착각하면 안 된다. 대부분의 물건은 사는 즉시 값어치가 하락한다. 이 사실을 소비하기 전에 늘 상기해야 한다.

한 사람이 직접 노동을 통해 벌 수 있는 돈은 한계가 있다. 우리가 부라고 부를 정도의 재력은 대부분 돈을 벌 수 있는 시스템을 구축했기 때문에 가능한 일이다. 내가 돈을 위해서 일하는 게 아니라 돈이 나를 위해서 일하는 것이다. 고로 부의 시스템을 구축하려면 소비를 통제하여 절약해야 한다. 눈덩이를 만들려면 일단 눈을 뭉쳐야 하듯이, 부를 쌓으려면 일단 뭉칫돈을 만들어야 한다. 그래야 굴릴 수 있고 크기를 키울 수 있다. 이것이 웰씽킹의 가장 기초적인 생각이다.

당신은 수입의 몇 퍼센트를 저축하는가?

어떤 투자 공부를 하고 있는가?

당신의 꿈을 위한 종잣돈은 얼마인가?

이 물음에 곧바로 대답할 수 있다면 당신은 준비가 된 사람이다. 성공은 시간문제일 뿐이다. 반대로 우물쭈물한다 해도 괜찮다. 지금 자신이 준비되지 않는 상태임을 바로 인정하고, 다시 철저히 계획하여 행동으로 옮기면 된다. 특별한 재능이 없는 사람이 많은 돈을 벌 수 있는 방법은 사업이다.

나의 전작 『파리에서 도시락을 파는 여자』를 읽은 사람이라면, 돈도 없고, 경력도 없고, 인맥도 없는 사람도 사업을 할 수 있다는 걸 잘 알고 있을 것이다. 사업 아이템 선정하는 법과 멘토를 찾아 배우는 법, 고객을 유치하고 사장 없이 성장하는 회사를 만드는 것까지 모든 노하우를 총망라 했기 때문이다. 다만 제대로 준비해서 전략적으로 시작해야 한다.

통계청 자료에 따르면, 86%의 자영업자가 10년 안에 폐업한다. 그만큼 사업은 확실히 위험하고 인내가 필요한 일이다. 그래도 한번 터지면 그 보상이 어마어마하다. 하지만 무턱대고 덤빌 수는 없는 노릇이다. 그래서 나는, 당신에게 지금 하고 있는 일에서 최고가 되라고 조언하고 싶다.

자신이 하는 일에 통달한 이는 다양한 방법으로 사업할 기회가 생기기 마련이다. 보통 집안일로 많은 시간을 보내는 주부들의 경우, 가사를 빨리 끝내기에만 급급하다. 유튜브에서 가사와 관련된 콘텐츠를 보면 어떤 기분이 드는가? 유튜버의 기막힌 정리와 청소 방법을 보면 박수가 절로 나오는가? 아니면 나도 충분히 할 수 있는 일이었는데 한발 늦었음을 후회하는가?

누구나 할 수 있는 집안일을 콘텐츠로 기획한 것은 일상을 사업으로 전환한 것이다. 무엇보다 살림 콘텐츠를 제작하는 크리에이터들의 심리 기저에는 '내가 이 일을 최고로 잘한다' 또는 '나만 알고 있는 비법이 있다'는 확신이 깔려 있다. 집안일을 어떻게 효과적이고 잘할 수 있을지에 대한 고민이 그 사람을 최고로 만든 것이다. 자기 분야를 통달한 사람은 자꾸 사업할 기회가 생겨, 안 하고는 못 배긴다.

웰씽킹을 통해 돈 버는 시스템을 구축할 사업을 시작하려면 네 가지 마음가짐이 필요하다.

첫째, 당신을 부자로 만드는 것은
　　　수입이 아니라 지출에 달렸다.
둘째, 무언가를 도전할 수 있는
　　　목돈을 만드는 데 집중하라.
셋째, 많은 돈을 벌 수 있는 방법 중 하나는
　　　사업하거나 사업가에 투자하는 것이다.
넷째, 그러기 위해서는 먼저
　　　현재 자신의 분야를 통달하라.

진정한 부를 이루기 위한 웰씽킹을 말하면서 나는 풍요로운 생각의 중요성을 계속 강조해왔다. 선한 영향력을 주는 부자가 되겠다는 생각은 행동을 이끄는 가장 본질적인 동력이다. 이 말은 곧 생각이 없다면 행동으로 이어질 수 없다는 말과 같다. 만약 지금 당신의 머릿속이 당장 행동하고 싶은 열망으로 가득하다면, 당신은 이미 성공의 불씨를 얻은 것이나 마찬가지다.

하나의 불씨만 있다면
우리는 다시 일어설 수 있고
무엇이든 해낼 수 있다.

그 모든 비밀은
웰씽킹에 있다

부도 일종의 패턴이다. 쉽게 말하면 돈을 버는 방식도 일종의 반복과 숙달이기 때문에 그 방법만 알면 누구나 부자가 될 수 있다. 그럼 당신의 마음에는 이런 의문이 생길 수 있다.

'그렇다면 왜 누구는 부자로 살아가고
누구는 빈자로 살아가는 건가요?'

아주 좋은 질문이다. 부를 이루는 패턴이 있음에도 부자와 빈자로 나뉘는 이유는 단 하나다. 바로 부를 얻으려는 태도다. 부자는 부를 얻기 위한 과정에서 일어나는 모든 일을 수용하고자 한다. 좋은 일이 있으면 겸허하게 받아들이고, 나쁜 일이 있으면 곧바로 자신의 태도를 고친다. 무엇보다 거저 얻으려고 하지 않는다.

하지만 일확천금의 요행을 꿈꾸는 사람에게는 돈이 따라붙질 않는다. 따라붙더라도 금세 도망가기 마련이다. 부를 얻기 위한 태도에 진정성이 없기 때문이다. 돈은 그런 사람을 단번에 알아차린다. 돈도 누울 자리 설 자리를 알기에 자기가 온당히 쓰여야 할 자리를 찾아간다. 자신의 쓰임을 올바르게 할 사람에게 기꺼이 자기를 내어주는 것이다. 나는 그래서 부자가 되는 사람은 따로 있다고 믿는다.

대부분의 사람은 부자를 꿈꾸지만 정작 부자처럼 생각하고 행동하지 않는다. 부자들은 돈에 대해 명확한 철학과 뚜렷한 목적을 가지고 있다. 돈을 단지 생존을 위한 도구로만 보지 않는다. 돈에 대한 거시적이고도 미시적인 관점을 두루 고민하며, 왜 부자가 되어야만 하는지 자신만의 이유를 가지고 있다.

부자가 되는 일은 자갈길을 걷는 것과 같다. 돈에 대한 철학과 목적 없이 무작정 벌려고만 하면 언제라도 자갈에 걸려 넘어질 수 있다. 그러므로 돈에 대해 생각할 시간을 충분히 가져야 한다. 하지만 돈을 벌어야 할 찰나의 순간이 오면 생각을 멈추고 즉시 행동해야 한다.

독일의 자산관리 전문가이자 라이프 코치인 이보네 젠은 『돈의 감정』이라는 책에서 돈의 태도에 대해 의미 있는 메시지를 남겼다. 그녀는 백만장자부터 아르바이트생에 이르기까지 수만 명의 재정 상태와 근본적인 삶의 문제를 해결해줬다. 돈이 넉넉해도 늘 불안한 사람, 열심히 일해도 돈이 모이지 않는 사람, 돈을 써도 유쾌하지 않은 사람, 부자들을 질투하는 사람 등 다양한 내담자들을 상담하며 그녀가 내린 결론은 바로 이것이었다.

"돈을 대하는 태도가 인생을 결정한다."

그녀는 '부는 돈을 가장 귀하게 여기는 사람에게 흐른다'라고 강조하면서 돈과의 관계를 잘 쌓아야 한다고 말한다.

돈을 하나의 인격체로 보고 연인을 대하듯이 사랑해야 한다는 것이다. 예를 들어, 수입의 10%를 투자하기로 했으면 반드시 그 약속을 지킴으로써 돈과 신의를 다져야 한다. 또 특정한 소비 활동이 즐거움을 주지 않는다면 그 행동을 즉시 멈춤으로써 돈과 좋은 감정을 유지해야 한다.

이보네 젠의 돈에 대한 태도는 내가 웰씽킹에서 강조한 내용과 일맥상통하는 부분이 있다. 돈의 입장에서 볼 때, 자신을 거저 얻으려는 자와 진정성 있게 다가오는 자 중에서 누구에게 마음의 문을 열겠는가. 당연히 후자를 택할 것이다. 자신을 단지 생존의 도구 정도로 치부하는 자와 가치를 알아주는 자 중에서 누구를 택하겠는가. 이번에도 후자에게 마음을 열 것이다. 어떤가, 당신도 이제 부자가 될 사람이 따로 있다는 사실에 동의하는가?

결론적으로 말하면, 우리가 돈을 선택하는 게 아니다. 돈이 부자가 될 사람을 선택한다. 돈은 삶에서 중요하다. 돈과의 관계를 정립하지 않으면, 돈 때문에 생기는 스트레스에서 자유로울 수 없다. 나에게 들어오지 않는다고 채근하고 무분별한 소비를 일삼으며, 감정에 따라 마음대로 욕하고 손가락질한다면, 과연 그런 당신을 돈이 선택하겠는가.

20세기 여성 패션의 혁신을 선도했던 프랑스의 디자이너 가브리엘 샤넬은 돈에 대해 이렇게 말했다.

"세상에는 돈이 있는 사람과 부자인 사람이 있다."

웰씽킹을 실천할 당신의 목적이 단순히 돈만 있는 사람이어선 안 된다. 당신의 궁극적인 목적은, 지속 성장하는 행복한 부자라는 사실을 명심하라.

자신이 왜 부자가 되고 싶은지 명확하게 알아야 한다. 내면의 밑바닥에 있는 공허함을 채우지 못하면 부자가 되어도 행복할 수 없다. 돈을 벌고 싶은 이유가 여러 가지일 수 있다. 하지만 내가 1000명 이상의 자수성가한 부자를 연구하고, 만나면서 깨달은 것은, 성장이 멈추면 행복하지 않다는 결론이었다. 돈도 있고 꾸준히 성장할 수 있을 때 행복할 수 있다는 점을 결코 잊지 마라. 무엇보다 선한 영향력을 가지고 공헌해야 오랫동안 행복을 유지할 수 있다.

부의 습관을 장착하기 위해 필요한 요소 중 하나가 강한 멘탈이다. 부를 이루고야 말겠다는 뜨거운 의지가 있다면,

그 의지를 지속시킬 멘탈도 반드시 필요하다. 스스로 '유리 멘탈'이라고 자처하며 어떤 일을 지속하는 것에 어려움을 느끼는 사람들이 많다. 그러나 멘탈은 결코 타고나는 것이 아니다. 멘탈은 삶에 주어진 미션들을 하나씩 해결하면서 강화시키는 것이다. '멘탈 트레이닝'이라는 말이 있듯이, 멘탈은 철저하게 훈련을 통해 강화된다.

나는 꼬리표처럼 따라다녔던 어린 시절의 가난과 난독증으로 인한 학습 부진, 사업 실패 등으로 어려운 시간을 보냈다. 아무것도 할 수 없었고, 무언가 할 수 있으리라고 믿지 않았다. 하지만 다시 일어서기 위해서는 나를 괴롭게 만들었던 경험을 끄집어내어 마주해야만 했다. 나는 고통스러웠던 시간에 멘탈 훈련을 적용했고 이제는 그 순간들이 내게 주었던 감정들이 더 이상 생각나지 않는다.

웰씽킹을 통해 어려움을 극복했다는 기분 좋은 감정만 남아 있어 현재는 말로 표현할 수 없을 정도의 벅찬 감격을 느끼고 있다. 다음은 내가 웰씽킹을 통해 멘탈을 강화시키려고 적용했던 생각 습관들이다.

탓하기를 멈추고 내 목표에 집중하라

탓하려거든 남 탓보다 내 탓을 하라. 그래야 실패에서 배우고 성장의 기회로 삼을 수 있다. 간혹 남 탓보다 내 탓을 하라는 의미를 잘못 이해해 죄책감에 시달리는 사람들이 있다. 여기서 내 탓이란 질책이나 꾸지람을 의미하는 게 아니라 이미 일어난 실패와 실수를 겸허히 받아들이고 문제를 해결하기 위해 집중하는 걸 말한다.

강한 멘탈의 소유자처럼 보이는 부자들도 당신과 별반 다르지 않다. 부자들도 금연에 실패하고 설탕과 소금을 끊지 못한다. 어디 그뿐인가. 목표에서 빗나가기도 하며 말 한마디로 돌이킬 수 없는 상황에 처하기도 한다. 부자들도 당신처럼 후회하고 좌절한다. 하지만 그들은 당신보다 조금 빠르게 회복한다. 실패에 초점을 두지 않고 앞으로 가고자 하는 길에 집중하기 때문이다.

당신의 삶이 한 권의 책이라고 했을 때, 낱장에서 일어나는 실수에 너무 집중할 필요가 없다. 가령 책에 잉크를 떨어뜨렸거나 부주의로 책이 찢어졌더라도 너무 매달리며 자신을 탓하지 말라는 말이다. 그냥 다음 장으로 넘기면 된다. 당신이 다음 장에서 해야 할 것은 다시는 잉크를 떨어뜨리거나 찢기지 않도록 주의하는 일이다. 물론 그런 일이 또 일어나더라도 그냥 넘기면 된다.

'탓'은 자신을 방어하고 싶은 마음에서 기인한다. 나는 실패할 수밖에 없었다는 당위를 가지고 타인에게 위로받기 위한 장치다. 그런데 한번 생각해보라. 어떤 문제가 발생했을 때, '탓'이 무얼 할 수 있는가. 할 수 있는 게 아무것도 없다는 사실을 당신도 알 것이다. 강한 멘탈을 위해서라면 탓하기를 멈추고, 문제를 실질적으로 해결하기 위해 행동하라. 이런 태도는 기적을 만드는 기폭제가 된다.

합리적으로 원인을 분석해야 한다

사람은 마음먹은 대로 하지 못하고 실패를 반복하다 보면 스스로를 의심하게 된다. 점점 자신의 능력을 믿지 못하게 되는 것이다. 처음에는 끈기가 없는 사람 정도로 생각하지만, 의심에 의심을 더하면 급기야 스스로를 쓸모없는 사람으로 여겨 결국 실패자의 길로 들어선다.

만약 당신이 문제 상황에 직면해 있다면 합리적으로 원인을 찾아야 한다. 영원한 것은 아무것도 없듯이 실패 또한 영원하지 않다는 사실을 기억하라. 어제의 나는 실패한 사람일지 몰라도 오늘의 나는 실패했던 사람일 뿐이다. 더 나아가 '실패한 나', '실패했던 나'를 '실패도 해봤던 나'로 바꿔야 한다. 결핍의 사고를 풍요롭게 하는 것, 그게 바로 웰씽킹이다. 그 시작은 실패의 원인을 면밀히 분석하는 것에서부터 시작된다. 실패의 원인을 제대로 분석하는 것만으로도 당신은 더 이상 스스로를 의심하지 않게 된다.

이처럼 합리적인 분석을 통해 당신의 상황을 바꿔야 한다. 일시적인 실패를 영구적인 것으로 보면 안 된다. 당신이 최근에 실패했거나 혹은 실패의 여파로 잠시 멈추었다면, 영구적으로 실패한 것이 아니라는 걸 유념해야 한다. 멘탈이 강하고 끈기 있는, 대성한 사람들도 늘 실패한다. 결국 실패했을 때 감정에 휘둘리지 않는 것이 핵심이다.

통제할 수 있는 것에 집중해야 한다

멘탈이 강한 사람들은 빠르게 회복하는 특성이 있다. 그들은 통제할 수 있는 것에 집중하고 통제할 수 없는 것은 과감히 내려놓는다. 예를 들어 누구에게나 똑같은 법적인 문제나 사회 문제 그리고 자연재해, 불경기 또는 부모님과 부모님으로부터 받은 것들, 내가 태어난 환경은 어찌할 수 없는 것들이다. 이렇게 통제할 수 없는 것에는 시시비비를 가리지 않는다. 내가 영향을 끼칠 수 있는 지금의 나와 환경을 개선하는 데 몰입한다.

통제력이란 내가 원하는 삶에 도달하기 위해 아주 조금씩 나아가는 힘이다. 내가 바꿀 수 있는 것에 집중함으로써 새로운 판도를 여는 힘이다. 만약 잘되는 것이 없다고 느껴진다면 나의 마음가짐이 올바른지 먼저 확인해야 한다. 흐트러진 마음가짐으로는 뜻을 이룰 수 없다. 당신 인생의 주인은 당신이다. 20대부터는 내 인생이 어떻게 전개되더라도 반드시 책임지겠다는 마음가짐을 스스로 가져야 한다. 내 인생의 목표 지점을 향해 긴장의 끈을 놓지 않고, 통제할 수 있는 것을 통제해야 한다.

유리멘탈을 극복하여 자신이 결정한 일을 밀고 나가겠다는 정신을 지니는 것은 모든 부정적인 것으로부터 자유로워지는 일이다. 우주에 존재하는 하나의 존재로서 긍지를 갖는 일이기도 하다. 모든 삶은 고귀하고 영롱하다. 도전을 포기해서는 안 된다. 누가 감히 당신의 삶을 결정할 수 있는가.

당신이 무엇을 생각하든
생각한 대로 될 것이다.

당신이 무엇을 느끼든
그것을 끌어당길 것이다.

당신이 무엇을 원하든
원하는 대로 될 것이다.

　나는 작은 실패를 하고, 그 실패를 발판 삼아 더 큰 성공을 거두었다. 그리고 급성장의 시기에 과감하게 경영에서 물러났다. 한발 물러나자 더 큰 세상이 열렸다. 이러한 성장을 가능케 했던 것이 웰씽킹이다. 어릴 때 큰 두각을 나타낸 적이 없었고 그 누구도 기대하지 않았던 나, 무엇보다 켈리델리라는 기업을 성공적으로 발전시키고 경영 일선에서 물러난 나는 지금도 성장 중이다. 죽을 만큼 열심히 살아도 이룰 수 없었던 부를, 어떻게 이루게 되었을까. 도대체 어떤 공부와 실천을 했기에 100년 동안 일궈도 어려웠을 대성공을 단 5년 만에 이루게 되었을까. 그 모든 비밀은 웰씽킹에 있다. 웰씽킹은 진정한 부를 불러오는 생각의 힘이다.

내가 웰씽킹의 씨앗을 잠재의식 속에 심은 순간은 바로 그때였다. 내 친구 영숙이가 죽던 날, '너랑 나 모두 찢어지게 가난했지만, 우리도 뭐든 할 수 있고 뭐든 될 수 있다는 걸 반드시 보여줄게'라고 다짐했던 그 순간 말이다.

나는 몇 해 전 『파리에서 도시락을 파는 여자』라는 책을 출간했다. 가장 중요한 나이라고 할 수 있는 마흔에 큰 실패를 하고, 큰 빚만 안게 된 나는 2년 이상 깊은 절망에 빠져 있었다. 그때의 나처럼 절망에 빠진 사람들이 세상에는 많다. 나는 다행히 다시 시작할 힘을 얻었지만, 누군가는 그 좌절감에 스스로 목숨을 끊기도 한다. 수많은 죽음 중에서 제 목숨을 스스로 끊는 것만큼 참담한 일은 없다.

그럼에도 불구하고 죽음밖에 선택할 길이 없다고 생각하는 사람들에게, 또는 다시 시작할 엄두를 내지 못하고 자포자기에 빠진 사람들에게 작지만 희망의 빛을 보여주고 싶었다. 그래서 『파리에서 도시락을 파는 여자』는 돈도 '빽'도 없었던 내가 어떻게 실패를 극복하고 어떻게 다시 출발해서 성공했는지에 초점을 두고 집필했다. 사업 아이템을 찾아 세계 최고의 전문가에게 배우며 나 없이도 운영되는 시스템을 만드는 방법에 대해 썼다. 나도 했기 때문에 당신도 할 수 있다는 메시지를 주고 싶었다.

반면 지금 당신이 읽고 있는 이 책 『웰씽킹』은, 선한 영향력이 있는 당신이 부자의 반열에 도달할 수 있는 방법에 초점을 두고 집필했다. 정확히 말하면 부를 이루는 방법을 집대성한 것이다. 그 방법을 적용해 성공한 내가 산증인이다. 그리고 수많은 사람이 나와 함께 이 방법을 실천하며 또 다른 성공 사례가 되고 있다. 부는 이제 누군가의 전유물이 아니다. 웰씽킹의 의미와 가치를 깨달을 수 있다면 당신 앞에도 진정한 부의 세계가 열릴 것이다.

이제는 반드시
당신 차례여야만 한다.

제2부

부를 창조하는 생각의 뿌리,
웰씽킹

부를 위한 초석,
생각의 뿌리 1

겨우내 살을 에는 칼바람을 이겨내고 결국 피어나는 꽃과 나무를 보고 있노라면, 이것이야말로 생의 본질이 아닐까 싶다. 아주 작은 결핍에도 무너지는 인간에 비하면 경이롭기까지 하다.

사람도 마찬가지다. 어떠한 순간에라도 포기하지 않고 이겨낸다면 그 자체로 경이로운 존재가 된다. 물론 핵심은 무엇을 심었느냐다. 그렇다. 그래서 심는 것이 먼저인 것이다. 당신의 현재 상황은, 그간 당신이 삶의 중심에 무엇을 심었으며 또 그것을 얼마나 애지중지해왔는지를 잘 나타낸다. 콩 심은 데 콩 나고 팥 심은 데 팥 나는 것처럼, 삶은 절대 거짓말하지 않는다.

꿈을 이룬다는 건 사과나무에 비유하면 풍성한 사과 열매를 주렁주렁 맺는 일이다. 과즙이 풍부하고 빛깔이 좋은 사과를 수확하기 위해서는 반드시 가지치기를 해줘야 한다. 불필요한 가지를 잘라내야 영양분이 제대로 퍼지기 때문이다. 그러나 가지치기보다 더 중요한 것이 뿌리를 내리는 일이다. 겉보기엔 사과나무의 가지들이 온갖 어려움을 이겨내는 것처럼 보이지만, 그 아래에 강한 뿌리가 있어야 흔들리지 않을 수 있다.

그런 의미에서 부를 창조하는 진짜 필요한 가치를 삶에 뿌리내려야 한다. 나는 이것을 '부를 끌어당기는 일곱 가지 생각의 뿌리'라고 말한다. 처음에는 사람이 습관을 만드는 것처럼 보이지만, 결국 사람을 만드는 건 습관이다. 고로 당신이 진정 부를 이루고 싶다면 그에 맞는 습관의 뿌리를 내려야 한다. 그래야 흔들리지 않는 삶이 될 수 있다.

첫 번째 뿌리, 핵심가치

당신의 가치가 무엇인지 알 수 있다면 인생의 항로를 결정짓는 건 아무 문제도 되지 않는다. 그래서 당신 내면의 밑바닥에 깔려 있는 진짜 핵심가치Core Values를 찾아야 한다. 핵심가치를 세우고 결정한 목표는 목에 칼이 들어와도 쉽게 바뀌지 않는다. 핵심가치는 삶의 방향성을 견지하는 힘이기 때문이다. 그렇다면 핵심가치란 무엇일까?

핵심가치란 우리가 생각하고 행동하도록 의사를 결정하는 기준이다. 보통 기업의 핵심가치에 대해서는 많이 들어봤을 것이다. 기업의 핵심가치란 그 기업이 가고자 하는 방향과 목표를 의미하는데, 그렇기에 기업은 핵심가치에 맞지 않는 상품을 제작하지 않는다. 본질을 흐리고 존재의 의미를 훼손하기 때문이다.

개인의 핵심가치도 이와 마찬가지다. 개인이 핵심가치를 깨닫는 순간, 삶의 본질을 흐리고 자기 존재의 의미를 훼손하는 일을 거부할 용기가 생긴다. 당연히 삶은 달라질 수밖에 없다. 자신의 핵심가치를 발견하면 목표에 도달할 시간과 열정을 엄청나게 절약할 수 있으며 남은 시간과 열정으

로 또 다른 목표를 이룰 수도 있다.

깊숙한 내면에서 꿈틀대는 핵심가치를 찾는 것은 쉬운 일이 아니다. 하지만 핵심가치가 없이 설정한 목표는 작심삼일로 끝나거나 중도 포기할 수도 있고 흐지부지되기도 한다. 포기로 인한 심리적 박탈감은 말할 수 없이 크다. 포기가 반복되면 자신의 능력을 더 이상 믿지 않게 되는데, 이를 패배감이라고 한다. 시작하기도 전에 무력해지는 것이다. 이 모든 게 핵심가치를 모른 채로 목표를 이루려고 했기 때문에 생기는 감정이다. 그러므로 핵심가치를 찾는 일을 가장 우선으로 삼아라. 이 핵심가치가 바로 당신의 삶에 내려야 할 첫 번째 뿌리다.

60개의 핵심가치를 준비했다. 여기서 당신이 중요하다고 생각하는 핵심가치 5개만 선별해보라.

처음에는 중요하다고 생각하는 단어를 모두 골라라. 그리고 그중에서 덜 중요한 가치를 빼는 방식으로 다시 10개를 추려라. 당신이 중요하다고 생각하는 가치가 보기에 없다면 새로 추가해도 괜찮다. 한 가지 조언은, 선택한 핵심가치를 왜 중요하다고 생각했는지 그때그때 적는 것이다. 그러면 나중에 5개의 핵심가치를 추릴 때 크게 도움이 된다.

핵심가치의 종류

성취 Achievement	모험 Adventure	진정성 Authenticity
변화 Change	헌신 Commitment	공동체 Community
공헌 Contribution	용기 Courage	창의성 Creativity
배움/교육 Education	효율성 Efficiency	공감 Empathy
경험 Experience	공정 Fairness	믿음 Faith
친구 Friends	관대/너그러움 Generosity	성장 Growth
겸손 Humility	유머 Humor	이상적인 Idealistic
논리 Logic	충성 Loyalty	개방/수용 Openness
타인의 인정 Recognition	결과 지향 Results	만족감 Satisfaction
성공 Success	뒷받침/서포트 Support	체계 System
균형 Balance	아름다움 Beauty	도전 Challenge
경쟁 Competition	자신감 Confidence	일관성 Consistency
호기심 Curiosity	자존감 Dignity	다양성 Diversity

평등 Equality	윤리 Ethic	탁월함 Excellence
명성 Fame	가족 Family	자유 Freedom
조화/화합 Harmony	건강 Health	정직/솔직함 Honesty
자립 Independence	개성 Individuality	리더십 Leadership
열정 Passion	과정 지향 Process	현실적인 Realistic
안전함 Safety	봉사 Service	안정감 Stability
팀워크/협동 Teamwork	투명성 Transparency	부 Wealth

당신의 핵심가치가 명확하게 정해지면 의사결정 과정이 단순해진다. 그러면 여러 가지 면에서 더욱 번창할 수 있는 비옥한 토양이 만들어진다. 당신에게 중요한 핵심가치 10개를 골랐는가? 그렇다면 이제 5개로 선별하라. 내 안에서 이미 지향하고 있던 가치를 명확히 찾으면 진정 원하는 삶이 무엇인지 깨닫게 된다. 그리고 앞으로 어떤 결정을 내리든지 이 핵심가치를 적용해 결정하라. 우유부단, 작심삼일, 중도 포기 등의 말은 당신과 관계없는 말이 될 것이다.

핵심가치를 세우라는 말은 다른 가치들을 포기하라는 말이 아니다. 핵심가치는 중요한 순간에 빠른 결정과 행동을 유도하기 위한 지표다. 회사에서 일할 때나 자녀와 배우자, 친구와 관계를 이어갈 때도 이 핵심가치를 기준으로 결정을 내리면 더 생산적인 삶을 영위할 수 있다.

당신은 이제 자신만의 핵심가치를 정확히 아는 사람이 되었다. 핵심가치를 깨달은 후 해야 할 일은 목표와 꿈을 설정하는 것이다. 목표는 자신의 한계를 넘어 무한 능력의 세계로 이끄는 장치다. 하지만 목표를 무턱대고 정하면 안 된다. 여섯 가지 원칙에 맞춰 실현 가능한 상태로 만들어나가야 한다.

가능성을 예단하지 마라

목표와 꿈을 설정할 때 가장 하지 말아야 할 것은 달성 가능성을 미리 판단하는 행동이다. 핵심가치를 세운 후에 정해둔 목표를 압도하겠다는 자세가 무엇보다 중요하다. 나는 목표를 정하면 항상 이렇게 생각했다. "나는 이 목표를 이루는 방법을 지금은 모르지만 반드시 찾을 것이다!" 일단은 기세를 몰아 목표에 집중하는 게 중요하다.

명확한 목표여야 한다

'부자가 되겠다', '다이어트를 하겠다' 같은 애매한 목표는 이루기 어렵다. 달성했을 때, 달성한 그 순간을 정확히 파악할 수 있는 목표가 좋은 목표다. 단순히 부자가 되겠다거나 살을 빼겠다는 목표는 달성의 순간을 알 수가 없어 애매하다. 좋은 목표란 수치화가 가능해야 한다. 예를 들면, '나는 10억 원을 가진 부자가 되겠다', '나는 10킬로를 감량하겠다' 등의 명확한 목표를 설정하는 것이 좋다.

측정이 가능해야 한다

명확한 목표를 세운 후에는 목표로 가는 전체 과정을 측정해야 한다. 이렇게 하면 변화를 몸소 느낄 수 있어서 목표를 향해 가는 길이 즐거워진다. 또한 측정은 목표를 달성해가는 전체 과정에서 자신의 위치를 파악할 수 있도록 도와주는 장치이기도 하다. 이는 끈기와 의지에 영향을 미친다. 고로 반드시 측정해서 목표 달성의 과정을 즐기고 의지를 다져라.

무조건 원대해야 한다

목표를 작게 잡은 사람보다 크게 정한 사람이 훨씬 더 혁신적으로 생각하며 강한 추진력을 가지고 목표를 달성할수 있다. 목표 그 자체가 크다는 것은 허무맹랑한 게 아니다. 큰 목표가 있으면 완전히 다르게 행동할 수 있다. 그 자체가 강력한 힘이기 때문이다. 그러므로 무조건 원대한 목표를 정하라. 도달하고 싶은 상태를 마음껏 상상하라.

실현 가능해야 한다

원대한 목표를 가지라고 하더니 실현 가능한 목표를 설정하라고 해서 헷갈리는가? 여기서 '실현 가능한'의 의미는 단계적 목표를 설정하라는 의미다. 목표가 원대할수록 많은 시간과 열정을 필요로 한다. 그래서 최종 목표는 원대하게 그리되, 그걸 이루는 세부적이고 단계적인 목표를 세워서 나아가야 한다. 즉, 원대한 목표를 갖되 실현할 수 있도록 목표를 잘게 쪼개라는 말이다.

중장기 5년과 10년 후의 목표를 쪼개서 올해 1년 동안 달성할 목표는 무엇인지 정해보자. 그리고 여기서 그치지 말고 1년의 목표를 쪼개서 반기, 분기, 매월, 매주, 매일 무엇을 해야 하는지 아주 작은 목표를 설정해보자. 이렇게 하면 실행이 훨씬 쉬워진다. 계단을 오르듯 목표 하나하나를 달성하며 의지를 다져라. 그러면 언젠가 원하는 목표에 도달해 있을 것이다.

데드라인을 정해야 한다

데드라인을 정하는 것을 스트레스라고 여기는 사람이 있다. 그러나 데드라인은 목표에 생명력을 불어넣는 일이다. 시간이 많이 주어진다고 능사가 아니다. 데드라인이 없는 목표는 허황될 뿐이다. 핵심가치를 깨닫고 목표를 세웠다면, 언제까지 목표를 이룰 것인지에 집중하라.

가령 당신이 '10억 원을 가진 부자가 되겠다'고 결심했다면 그것을 언제까지 이룰지 데드라인을 설정하라. 데드라인을 설정해야 하는 이유는 당신이 원하는 미래의 청사진을 그리기 위해서다. 시기를 정하지 않으면 미래를 상상하는 것은 어렵다. 상상하지 못하면 도달하기 힘들어진다. 백살이 된 후에, 혹은 죽은 후에 100억 부자가 되는 목표를 이룬다면 그게 대체 무슨 소용이 있겠는가.

두 번째 뿌리, 결단력

지피지기면 백전백승이라고 했다. 이제 당신은 핵심가치를 기준으로 목표를 정했다. 변명의 여지없이 당신은 결단을 내려야 할 때가 되었다. 많은 사람이 다이어트에, 부자가 되는 일에, 사업에 도전하고 싶다고 말한다. 하지만 몇 달 후에 만나보면 여전히 같은 소리를 하고 있다. 행동으로 옮기지 않으면서 말로만 무언가를 이루겠다고 허언을 내뱉는 것이다. 심지어 몇 년째 똑같은 소리를 반복하는 사람도 있다.

나는 사람들에게 '기적은 행동하는 사람에게 찾아온다'고 늘 조언한다. 지금 당장 결단하라. 나를 괴롭게 하고 아프게 만드는 문제점이 아니라, 그 해결책에 집중해서 구체적으로 무엇을 하겠다고 결단해야 한다. 그리고 결단했다면 반드시 행동으로 실천하라. 내가 존경하는 미국의 동기부여가 토니 로빈스는 결단에 대해 이렇게 말했다.

"결단은 행동으로 옮겨졌을 때만 가치가 있다!"

목표 성취에서 가장 어려운 점은 진정한 결단을 내리는 일이다. 어떻게 할 것인지, 과연 내가 해낼 수 있을지 걱정하면서 시간을 허비하지 마라. 크게 대성한 사람들은 가치 체계가 확실하고 인생의 목표가 명확했다. 그래서 일단 결단하면 행동으로 옮겼다. 결단을 내리는 것 자체가 일종의 행동임을 명심하라.

결단에 대한 바람직한 정의는 '행동이 따르는 정보'라고 할 수 있다. 행동이 자연스럽게 뒤따를 때에 진정한 결단을 내릴 수 있다. 결단은 행동하게 만드는 원인이 되고, 더 큰 목표를 달성하는 원초적인 힘이 된다. 나는 결단을 즐긴다. 될 것인지 안 될 것인지 고민하지 않는다. 일분일초가 아까운 삶이니 그저 결단한 것을 밀고 나갈 뿐이다. 물론 실패할 때가 더 많지만 다시 결단하고 또 행동한다. 그게 나의 성공 방식이다.

당신은 어떠한가? 혹시 결단보다는 고민에 빠져 시도조차 하지 않고 있는가? 오늘은 과거에 당신이 내린 결단의 결과다. 만족하는가? 당신이 지금 어떤 상황이든 결단하지 않는다면 미래도 지금과 같을 것이다. 그러나 변화를 원한다면? 그 방법은 매우 간단하다. 작은 것부터 결단을 내리는 습관을 가지면 된다.

결단을 자주 내리면 내릴수록 더 훌륭한 결단을 할 수 있다. 안 하던 운동을 갑자기 하면 온몸이 근육통에 시달린다. 그러나 근육통을 온전히 겪고 나면 같은 중량에는 더 이상 흔들리지 않는 근육을 갖게 된다. 결단도 마찬가지다. 처음에는 걱정이 앞서고 안 되는 것들만 떠오르겠지만, 결단하고 행동으로 옮기면 종전의 삶에서는 느끼지 못했던 활력을 갖게 된다.

코로나19로 계획했던 강연이 모두 취소되면서 나는 너무나 큰 아쉬움을 느꼈다. 하지만 우왕좌왕하지 않고 인스타그램을 통해 강연의 메시지를 전하겠다고 결단했다. 100일 동안 자기계발 명언을 올리겠다고 다짐한 것이다. 자기계발 명언이 끝나기 전에는 인스타그램을 찾아주시는 분들과 끈기 프로젝트를 하겠다고 결단을 내렸다. 그다음에는 100일간 몸을 만들고 바디 프로필을 찍겠다고 결단했다. 그리고 나는 결단한 모든 것을 다 이루었다. 나는 그때, 결단하기가 어렵지 그것을 이루는 일은 오히려 쉽다는 사실을 깨달았다.

돈도 없고 아는 사람도 없었던 내가, 고등학교를 졸업할 무렵 일본 유학을 결단했다. 그러나 그 결단이 너무 무서웠다. 죽을지도 모른다고 생각했기 때문이다. 그래서 부모님께 유서를 쓴 후, 1년 동안 내게서 연락이 없거든 부모님께 전해달라고 동생에게 맡겼다. 그런데 일본에 도착한 나는 겨우 몇 달 만에 다시 한국으로 돌아왔다. 너무 다른 세상에 적응하지 못했던 것이다.

서울에서 어떻게 먹고살지 고민하면서 바보 같고 한심한 내가 너무 미웠다. 그래서 다시 결단했다. 칼을 뽑았으면 호박이라도 찌르리라는 마음으로 다시 일본행을 선택한 것이다. 결국 꿈에 그리던 의상디자인을 전공하여 우수한 성적으로 대학을 졸업할 수 있었다. 실패를 통해 더 나은 결단을 내렸고, 그 실패는 큰 선물로 돌아왔다. 사실 나는 지금도 계속해서 실패 중이다. 그래서 바보 같은 나 자신을 원망할 때도 있지만 자책의 시간은 짧게 갖고 다음 행동을 생각한다.

만약 당신이 무언가를 결단했다면, 유연한 태도로 선택의 폭을 넓혀가며 나아가야 한다. 우리가 원하는 것은 결과이지 매 순간의 과정을 그대로 이루려는 게 아니기 때문이다. 나는 첫 사업 실패 후 취직하려고 했다. 하지만 아무리 일자리를 구하려고 해도 나처럼 무능한 인재를 쓰겠다는 회사를 찾을 수 없었다. 그래서 다시 사업을 하기로 결단했다.

아무도 나를 고용하지 않겠다면 내가 나를 고용하겠다고 마음먹었다. 날고 긴다는 유럽 인재들보다 내가 더 잘하는 게 무엇일지 고민하면서 일본에서의 경험과 한국인으로서의 강점을 잘 살리려고 노력했다. 그 결과 삼각김밥을 새로운 사업의 아이템으로 결정했다.

한국과 일본을 오가며 마트와 삼각김밥 공장 시스템을 공부하고 삼각김밥 성형기를 제작하는 등 많은 걸 준비했다. 그러나 사업 준비가 거의 끝나갈 무렵 프랑스 슈퍼마켓에 납품하려면 몇 가지 조건이 필요하다는 사실을 알게 되었다. 첫째로는 HACCP 인증을 받은 무균 시설 공장이, 둘째로는 큰 자본이 필요했다. 나는 바로 결단을 철회했다. 아무리 좋은 사업이라도 처음부터 과도한 부담을 지며 시작할 수는 없었다.

이는 더 이상 돈을 빌리거나 빚을 지지 않겠다는 결단이 밑바탕에 깔려 있었기 때문이었다. 그리하여 지금의 켈리델리는 초밥 도시락 사업으로 시작되었다. 결단을 내렸다고 자기 자신을 너무 혹사시킬 필요는 없다. 항상 다음을 대비하여 자신의 상황과 상태를 고려하면서 유연성 있는 태도로 나아가야 한다. 최종의 결과에 이르는 과정에서 궤도의 수정은 필수적임을 잊지 말아야 한다.

부를 위한 초석,
생각의 뿌리 2

세 번째 뿌리, 선언

아무리 확고한 결단도 머릿속에만 있다면 없는 것이나 다름없다. 선언하라. 자기의 삶을 진취적으로 이끄는 사람은 선언할 수 있어야 한다. 결단을 내린 후 실패하지 않기 위해서는 필수적으로 선언을 해야 한다.

나는 결단과 선언을 즐긴다. 그래서 달성하고 싶은 목표가 생기면 주변 사람들에게 선언한다. 하지만 그보다 더 중요한 것은 나 자신에게 선언하는 일이다. 선언은 탈선하지 않고 목적지에 다다를 수 있도록, 또 여러 갈래로 나뉜 길에서 한눈을 팔지 않도록 가드레일을 설치하는 작업이다. 선언을 하면 예상했던 것보다 훨씬 수월하게 목표를 달성할 수 있다.

인스타그램을 통해 '끈기 프로젝트 운동편'을 기획했을 당시, 많은 사람이 100일간 운동하겠다고 참여했다. 대부분이 100일간 이 프로젝트에 참가한다고 공개적으로 선언했으며, 꼭 인증하겠다고 약속도 했다. 이 사람들은 무슨 일이 있어도 100일 동안 운동해야만 했다. 스스로 가고자 하는 목표에 가드레일을 세워서 갈 수밖에 없도록 만든 것이다. 그 결과, 200명 중에 90명이 넘는 사람이 프로젝트를 완수했다. 무려 50% 가까이 100일 운동을 성공한 것이다.

나 또한 이 프로젝트를 참여하며 중도에 그만둘 수도 있다는 생각을 단 한 번도 하지 않았다. 많은 사람에게 선언하면서 무조건 할 수밖에 없는 길로 들어섰기 때문이다. 오히려 혼자 할 때보다 함께하는 사람들이 있으니 훨씬 더 수월하게 해냈다. 그만둘 수 있는 상황이 생기면 핑계가 많아진다. 핑계가 많아진다는 것은 목표와 멀어지고 있다는 반증이다. 그러므로 목표를 이루고 싶다면 반드시 선언하라. 내가 결단을 내렸고 목표로 가는 길에 들어섰다는 사실을 만방에 알려라.

만약 당신이 누군가에게 본보기가 되어야 하는 리더의 입장이라면 선언의 힘을 더 중요하게 생각해야 한다. 선언을 하지 않는 사람 중에 진정한 리더는 없다. 우리가 일상에서 흔히 볼 수 있는 두 가지 유형의 리더가 있는데, 내가 함께 일하는 두 리더의 사례를 예로 들어보겠다.

유형1. 리스크를 선택하지 않고 선언하지 않는 리더

직장에서 정말 열심히 일하고 매사에 최선을 다하며 애사심도 깊은 리더다. 그러나 이 사람은 목표를 두고 언제까지 이것을 하겠다고 선언하지 않는다. 일할 때 최선을 다할 뿐이다.

유형2. 리스크를 선택하고 선언하는 리더

이 리더는 언제까지 얼마만큼 자기 분야의 일을 해낼 것인지 분명한 목표를 선언한다. 내가 보기에도 가슴이 떨리는 큰 목표다.

유형2의 리더는 자기가 선언한 목표를 달성하지 못해 실망감을 줄 때가 있다. 그래서 언뜻 보기에는 유형1의 리더가 일을 더 잘하고, 회사에 더 필요한 존재처럼 보일 수 있다. 유형1의 리더는 리스크를 피하고 아무것도 선언하지 않았기 때문에 약속을 어긴 적이 없다. 일도 열심히 하고 애사심도 있어 모두가 잘하고 있다고 생각할 수 있다. 하지만 결과적으로는 유형2의 리더가 성과도 더 좋았고, 회사에서 따르는 사람도 많았다. 이유가 무엇이었을까?

내가 분석한 결과, 유형2의 리더는 선언한 목표치의 70% 이상은 항상 달성했다. 10개의 프로젝트를 2년간 진행하여 7개를 성공시키고 3개를 실패했다고 가정하면 실로 엄청난 성과다. 10개의 프로젝트 중 성공한 7개는 조직과 개인의 성과에 큰 영향을 끼쳤다. 그렇다면 실패한 프로젝트는 무의미했을까? 그렇지 않다. 유형2의 리더가 실패한 3개의 프로젝트는 앞으로 그가 더 성장할 수 있는 밑거름이 되었다. 그러나 유형1의 리더는 아무 선언도 하지 않아 실패하지는 않았지만 성장하지도 않았다.

인간은 성장할 때 행복감을 느낀다. 성장이 없는 삶은 지루하고 재미가 느껴지지도 않는다. 인스타그램에서 끈기 프로젝트 운동편을 진행했을 때, 운동을 좋아하는 사람도 있었고 싫어하는 사람도 있었다. 200명의 사람들이 작심삼일을 끊어내겠다고 결단하고 선언했으며, 이 중에서 목표를 달성한 사람들은 본인의 성취가 놀라울 정도라며 크게 기뻐했다. 별다를 것 없었던 삶에 생기가 더해져 기쁨을 만끽하게 된 것이다. 몸이 달라진 것은 물론이고 다른 일도 할 수 있다는 자신감이 샘솟는다고 증언했는데 이는 모두 성장했기 때문이다.

간혹 선언하고 실패하면 자신의 위치가 난처해질까 두려워하는 사람들의 고민을 듣는다. 실제로 200명 중에 반이 넘는 사람들이 프로젝트를 완수하지 못했다. 하지만 처음부터 아무것도 시도하지 않은 사람에 비하면 더 많은 운동을 했으며 배우고 성장했다. 작심삼일일지라도 3일마다 다시 작심하는 사람이 반드시 성공한다. 그러니 선언을 두려워하지 말자. 선언에는 목표를 향해 가드레일을 설치한다는 점 외에도 많은 장점이 있다.

내가 진정으로 아끼고 사랑하는 사람들에게 변하겠다고

말하는 것만으로도 구성원들은 무한한 신뢰를 느낀다. 조직에서는 어떤가? 우리 팀은 현상 유지를 하면서 다른 사람들에게 피해 주지 않을 정도만 일하자고 말하는 리더를 진정 따를 수 있는가? 적당히 일하는 퍼포먼스만 보여주면서 뭐든지 쉽게 가려고 하는 리더를 따를 수 있겠냐는 말이다.

선언은 포기의 순간에 내가 혼자가 아님을 깨우쳐주는 힘이다. 내가 결단하고 선언한 목표가 혼자만의 길이 아님을 알게 하는 경전이다. 그런 의미에서 당신에게 묻는다.

당신은 어떤 뜨거운 결단을 내렸는가?
누구에게 선언하고 신뢰를 얻고 싶은가?

네 번째 뿌리, 믿음

모든 성공은 자기 자신을 사랑하는 것에서부터 비롯된다. 그럼에도 불구하고 나를 사랑하고 무엇보다 나에게 일어나는 모든 상황을 사랑해야 문제의 해법이 보인다.

돈이면 모든 행복을 다 거머쥘 수 있다고 믿었던 시절이 있었다. 그때는 승승장구하는 것처럼 보였지만, 마음에는 늘 불안이 가득 차 있었다. 결국 나이 마흔에 모든 것이 무너지고 말았다. 가난하고, 뚱뚱하고, 난독증에 시달리고, 사업에 실패해 빚이 있는 나를 사랑하기란 쉽지 않았다. 하지만 나는 나를 사랑하기로 결심했다. 직업도, 돈도, 친구도 없어 파리에서 지독하게 외로웠으나 있는 그대로의 나를 사랑했다.

나를 사랑하는 일의 핵심은 '없음'보다 '있음'에 집중하는 것이다. 나는 집이 있고, 아침에 눈을 뜰 수 있고, 걸을 수 있고, 한국 여자이며 건강하다는 사실에 집중했다. 그리고 매일 나에게 사랑한다고 말했다. 무엇보다 성공한 많은 사람들이 그랬듯이, 나를 믿기로 했다.

크게 성공한 사람들은 남들이 볼 때 허황된 꿈을 꾸면서도 한 치의 의심도 없이 꿈을 이루기 위해 전진한다. 그들이 과연 자신의 성공을 저절로 믿게 된 것일까? 아니다. 그들은 믿기로 결단한 것이다. 그렇기에 그 결단을 실현시키기 위해서 온 힘을 쏟아붓는다. 만약 당신이 성공하고 싶다면 이런 믿음의 힘을 깨달아야 한다.

인터뷰를 하다 보면 꼭 받게 되는 단골 질문이 있다. 바로 켈리델리가 성공할 줄 알았냐는 질문이다. 그럼 나는 알았다고 대답한다. 이 사업을 시작하면서 노력했던 시간과 직원들에게 했던 말을 예로 들며 내 말에 신빙성을 더한다. 정말로 나는 켈리델리가 100% 성공할 거라고 알고 있었을까? 그렇게 믿어져서 믿었던 게 아니다. 나의 정신과 육체를 목표에 맞게 설정하기 위해, 그냥 믿어버린 것이다.

대책 없이 자신을 믿은 허풍쟁이 한 명을 소개하겠다. 한 젊은이가 사무실을 얻을 돈이 없어 부인이 얻은 20평짜리 신혼집에서 회사를 창업하기로 결심했다. 그리고 18명의 전 직원 앞에서 이렇게 선언했다.

"우리는 102년간 생존할 회사를 세울 것이며, 전 세계 인터넷 사이트 10위 안에 진입하는 최대 전자상거래 회사가 될 것입니다. 우리의 경쟁자들은 국내가 아닌 실리콘 밸리에 있습니다."

그렇게 젊은이는 20평 남짓한 공간에 18명의 동료들과 창업했다. 당시 자본금은 7천만 원이 전부였다.

가난한 집에서 태어난 그는 금전적으로 지원받을 수 있

는 상황이 아니었던 데다가, 너무 못생겼다는 이유로 면접에서 수없이 낙방했다. 이 젊은이의 최악의 상황은 이게 다가 아니었다. 머리가 그다지 좋지 않아 고등학교 시험에도 떨어졌을 뿐 아니라 대학은 삼수를 했다. 첫 번째 대입 시험에서 받은 수학 점수는 150점 만점에 1점이었다. 두 번째 시험에서는 19점을 받았다.

정말 기가 찰 노릇 아닌가? 이런 조건의 그가 직원들을 앞에 둔 채 어떻게 102년간 생존하는 회사를 세우고, 세계의 유명 인터넷 회사들을 제치겠다고 선언했을까? 그야말로 허풍쟁이 중의 허풍쟁이나 마찬가지였다.

그러나 그는 실제로 자기가 한 말을 지켰다. 그가 바로 중국 최대 인터넷 쇼핑몰 알리바바의 마윈이다. 마윈 회장은 스스로 기업을 일궈낸 모험가 스타일의 사업가로서, 1만 5천 원을 받던 월급쟁이에서 40조 원대 재벌이 되었다. 알리바바 매출은 삼성전자를 앞질러 세계 최대 전자상거래 업체로 우뚝 서게 되었으며, 18명으로 시작했던 직원은 10만 명을 넘겼다. 그의 재산은 얼마나 많은지 매년 10억 원씩 써도 4만 년 가까이 걸린다고 한다.

아무것도 내세울 게 없었던 마윈은 선언한 뒤 그것을 믿어버림으로써 마침내 성공을 거머쥐었다. 그가 과연 믿겨져서 믿었겠는가? 자신이 가고자 하는 목표에 집중하기 위해 그냥 믿어버린 것이다. 아직도 이런 성공 사례가 당신과 관계가 없다고 생각하는가? 당신과는 다른 무언가가 있었을 것이라 생각하는가? 그렇지 않다. 고도의 수준에 도달하기 위해서는 자신을 믿어야 한다. 그동안 성공한 적이 없기 때문에 앞으로도 성공할 수 없다는 말을 내던져야 한다. 남들은 다 하는데 당신이라고 왜 못 하겠는가?

내가 강연할 때마다 청중과 함께 외치는 구호가 있다.

"He can do, She can do, Why not me?"

그도 할 수 있고, 그녀도 할 수 있는데, 나라고 왜 못 하겠어? 지금까지 실패만 했고 생각처럼 잘된 적이 없기 때문에 앞으로도 안 되리라 생각하는가? 남은 인생은 그냥 믿으라. 당신이 생각하는 청사진을 상상하면서. 그러면 그 믿음이 당신을 원하는 곳에 데려다줄 것이다. 나는 당신을 믿는다.

다섯 번째 뿌리, 신념

성공하기 위해서는 먼저 할 수 있다는 신념을 가져야 한다. 믿음이 의식 속에 있는 것이라면, 신념은 무의식 속에 존재한다. 의식 속에 있는 것은 상황에 따라 바뀌지만 무의식 속에 있는 것은 쉬이 바뀌지 않는다. 의식 속의 믿음은 당신이 마음을 어떻게 먹느냐에 따라 생기기도 하고 없어지기도 한다. 그러나 무의식 속의 신념은 당신의 의지와는 상관없이 발현하며 이후 자취를 감춘다.

당신에게 한 가지 질문을 하고 싶다. 당신은 이루고 싶은 모든 것을 이룰 수 있다고 믿는가? 아마 쉽게 답하기 어려울 것이다. 나는 목표를 이루기 위한 가장 본질적인 방법으로 믿겨서 믿는 것이 아니라, 믿으니까 믿는 것이라고 강조했다. 당신이 이 물음에 망설이지 않고 대답하려면 무의식 속의 세상에 강한 신념을 심어야 한다. 또 다른 질문을 던지고 싶다. 자신에 대한 믿음은 몇 점인가?

- 1점, 전혀 믿지 못하는 상태
- 5점, 가끔은 믿었다가 어떨 때는 믿지 못하는 상태

- 10점, 내가 원하는 모든 선한 것을 이룰 수 있는 상태

　당신의 점수는 몇 점인가? 왜 그 점수를 주었는가? 믿음이 중요한 이유는 목표를 향해 나아가는 불씨가 되기 때문이다. 어떻게 하면 믿음의 불씨를 꺼뜨리지 않고 활활 타오르게 할 수 있을까?

　자신에 대한 믿음이 1~5점인 사람은 자기 자신을 사랑하는 시간을 더 가져야 한다. 삶의 우선순위에 자기 자신을 두고, 사랑하는 일에서만큼은 타인보다 자신을 먼저 생각해야 한다. 자기를 사랑하지도 못하면서 어떻게 다른 사람을 위해 헌신하겠는가? 누구나 똑같은 24시간을 살아가지만, 그중에 최소 1시간 이상은 오로지 나 자신을 성장시키는 데 시간을 써야 한다.

　당신이 짐작한 대로 나는 내 자신을 100% 믿는다. 그러나 처음부터 믿었던 것은 아니며, 지금 이 순간에도 나를 믿기 위해 노력하고 있다. 최상의 상태를 유지하려고 운동과 명상, 선언과 독서에 많은 시간을 할애한다. 나를 믿을 만한 사람으로 여기기 위해서는 필수적인 활동이다.

　의식 속의 믿음이 무의식 속에 자리 잡아 신념이 되게 하

려면 반복하는 수밖에 없다. 인간은 성장하고 있다고 느낄 때 행복감을 얻는다. 습관 하나를 바꾸면 시간이 갈수록 엄청난 복리로 인생을 성장시킨다. 그러면 무의식 속의 자신을 믿는 마음이 신념으로 변하게 된다. 아주 작은 습관 하나를 고치는 것만으로도 충분하다. 다만 중요한 것은 반복, 또 반복해야 한다는 것이다.

부를 위한 초석,
생각의 뿌리 3

여섯 번째 뿌리, 확신

나는 오랜 시간 나를 게으른 사람이라고 생각했다. 어린 시절, 다른 형제들에 비해 아침에 눈을 뜨고 일어나는 시간이 더 오래 걸렸다. 새벽같이 일어나 농사일 도울 채비를 하고 집안일을 척척 해내는 형제들이 대단하다고 생각했다. 그런 나를 보고 아버지는 입버릇처럼 게으르다고 말씀하셨다. 그 이후 쉰 살이 넘도록 나는 줄곧 내가 게으른 사

람이라고 생각해왔다. 그래서 이른 시간에 약속이나 프로
젝트가 생기면 할 수 없다는 마음이 앞서 늘 불안했다. 아
버지의 말이 내 무의식 속에 침투해, 내가 게으르다는 신념
을 만든 것이었다.

하지만 지난날을 떠올리면 나는 내게 주어진 일 하나는
책임감 있게 해내던 사람이었다. 소녀공으로 상경했던 고
등학교 때부터 중요한 일이 있으면 곧잘 일어났고, 누구보
다 주어진 몫을 잘 해냈다. 그럼에도 나는 스스로를 게으르
다고 단정지었다.

삶이 어느 정도 안정을 찾았을 때 문득 이런 생각이 들었
다. 만약 매 순간에 주저하지 않았더라면, 실패하더라도 곧
바로 일어났다면 여기까지 오는 데 얼마나 많은 시간이 단
축되었을까? 바로 그때였던 것 같다. 그 순간 나는 무의식
속에 자리 잡은 나쁜 정보들이 삶을 얼마나 갉아먹는지 깨
닫게 되었다.

나는 이 문제가 나에게만 있는 것이라고 생각했다. 그러
나 강연과 이메일을 통해 받은 수많은 질문에서 한 가지 공
통점을 발견했다. 나에게 고민을 털어놓은 사람들이 가지
고 있던 문제도 다름 아닌 무의식 속에 침투한 부정적인 생

각이었다. 신념은 과거의 반복으로 생겨나기에 사실과 다른 잘못된 인식이 신념으로 자리 잡은 경우도 많았다.

많은 사람이 부자가 되고 싶다고 말했지만 그들의 무의식 속에는 부자에 대한 부정적인 생각이 똬리를 틀고 있었다. 그 생각을 쫓아내기 위해 좋은 말과 긍정의 힘을 아무리 나눠도 모두 헛수고였다. 그들이 생각하는 부자는 나쁘거나 사기꾼이라는 등의 이미지를 지니고 있었다.

이를 보고 나는, 마치 피아니스트가 되고 싶은 사람이 훌륭한 피아니스트들을 두고 나쁘다고 말하는 것과 같은 이치라고 생각했다. 꿈을 사랑하고 최선을 다해 이루기에도 모자랄 판에 부정하고 욕하고 있으니, 이 얼마나 아이러니한가.

강한 확신은 다섯 번째 뿌리인 곧은 신념으로부터 나온다. 그래서 확신할 수 없다면 신념의 상태를 다시 점검하고, 내가 원하는 방향으로 갈 수 있도록 훈련해야 한다. 신념이 확신으로 강화되지 않는 이유는 잠재의식과 내가 원하는 것이 다르기 때문이다. 믿음과 신념이 완전해질 때 비로소 확신할 수 있게 된다. 그러나 대부분의 사람들이 이 확신 단계에서 무너진다. 목표를 향한 잘못된 생각들이 자꾸 결단과 행동을 주저하게 만들기 때문이다.

핵심가치를 세운 당신은 부자가 되기로 결단하고, 만방에 선언했다. 처음에는 잘 믿기지 않았을 것이다. 하지만 그도 하고, 그녀도 하는데, 왜 당신이라고 못 하겠는가? 나는 나를 흙수저 중의 흙수저라고 말한다. 그런 나도 했는데 당신은 왜 못 할 거라고 생각하는가? '나는 한번 한다면 하는 사람'이라고 소리 내어 외쳐라. 마치 슈퍼맨이 된 것처럼, 원더우먼이 된 것처럼 가슴을 쫙 펴고 제스처를 취하면서 크게 외쳐라.

당신은 이제 정말 확신해야 하는 기로에 서 있다. 이 책을 덮는 순간 당신은 완전히 새로운 사람이 되어 있어야 한다. 두 눈은 명료하고, 얼굴에는 생기가 돌고, 온몸의 근육이 무언가를 하지 않고서는 못 견딜 정도로 안달이 나 있어야 한다. 무엇이든 당신이 하면 다 할 수 있다고 확신해야 한다. 남이 당신을 믿는 건 아무런 의미가 없다. 내가 나를 믿지 못하면 모든 게 허상이다.

처음부터 바꾸기 어려운 것과 씨름하지 마라. 삶에 방해가 되는 작은 습관을 고쳐 성공의 달콤함을 맛보는 게 중요하다. 할 수 있다는 기운의 충만함을 느껴보는 게 우선이다. 그렇게 작은 습관을 고치며 성공의 깊은 여운을 느끼는 걸 반복하다 보면, 강한 신념이 잠재의식에 자리하게 된다. 그 순간 당신은 내가 정한 목표를 이룰 수 있다고 확신하며 강하게 밀어붙여야 한다. 확신하지 못하고 사랑에 빠지지 않는 사람은 목표에 도달할 수 없다.

당신이 그것을 간절히 원하듯이
그것도 당신을 간절히 원하고 있음을 잊지 마라.

일곱 번째 뿌리, 질문

카메룬 속담에 이런 말이 있다.

"자신에게 질문하라.
질문하는 자는 답을 피할 수 없다."

자신의 분야에서 놀라운 성과를 이룬 사람들은 질문을 멈추지 않았다. 질문은 시간과 애정을 쏟는 만큼 깊고 많아진다. 어린아이의 질문이 위대한 이유는 자기가 생각하는 것에 몰입한 결과이기 때문이다. 몰입하기 때문에 생각지도 못한 기발한 깨달음을 얻게 되는 것이다.

질문의 진정한 묘미는 자기 자신에게도 던질 수 있다는 점에 있다. 부를 이루기 위한 마지막 뿌리인 질문은 삶을 송두리째 바꿔놓을 정도로 강력하다. 어떤 일을 대할 때 스스로에게 질문하는 습관은 참 중요하다. 단순히 머리로 생각하는 것이 아니라, 질문함으로써 답을 내는 과정은 내적 성숙을 도모한다. 질문이야말로 부를 이루는 핵심 뿌리다.

코로나19로 많은 것이 변했다. 일의 방식, 교육의 방식, 만남의 방식 등 예전에는 어색하고 불편했던 것들이 일상이 되었다. 코로나 블루, 뉴 노멀, 언택트, 위드 코로나 등 잘 들어보지 못했던 단어들에 익숙해졌다. 그러나 같은 상황에서도 사람들이 살아가는 태도에는 저마다 큰 차이가 있다.

코로나19 같은 위기가 닥쳐왔을 때, 일반적으로 사람들은 이렇게 생각한다.

'어떡하지? 정말 큰일이다!'

'코로나에 걸리거나 직장을 잃게 되면 어떡하지?'

'경기가 더 나빠지면 내 사업에 문제가 생기는 거 아냐?'

반면에 성공한 사람들은 오히려 위기가 닥쳐왔을 때, 자신에게 이런 질문을 던진다.

'이 어려운 상황에서 나의 강점은 뭐지?'

'이 상황을 기회로 만들려면 어떻게 해야 할까?'

'비대면 시대, 내가 새롭게 배워야 할 것은 무엇이지?'

'코로나19가 끝나지 않는다면 어떤 대책을 세워야 할까?'

차이가 느껴지는가? 문제 상황을 있는 그대로 보거나 걱정하는 일은 인간이라면 피할 수 없다. 하지만 위기 상황에서 스스로에게 질문한다면 현명하게 대처할 수 있다. 답을 내려야만 하기 때문이다. 부를 이루고 시간 여유가 있는 성공한 사람들도 어려운 건 우리와 매한가지다. 어떻게 하면 극복할 수 있을지, 어떻게 하면 도달할 수 있을지 끊임없이 스스로에게 질문할 뿐이다. 그리고 그들은 답을 찾으면 곧바로 실행에 옮긴다. 세계적인 극작가 조지 버나드 쇼는 이렇게 말했다.

"사람들은 눈에 보이는 대로 보며
'왜?'라고 묻는다.
그러나 나는 없는 것들을 꿈꾸며
'왜 안 돼?'라고 묻는다."

우리의 운명은 질문 방식에도 큰 영향을 받는다. 제대로 묻지 못한다면 아예 묻지 않는 것만 못하다. 당신이 문제라고 생각하는 것에 대해 답을 찾기 위해서는 제대로 된 질문을 하는 습관을 가져야 한다.

나의 어린 시절이 지독하게도 가난했다는 걸 잘 알고 있을 것이다. 한번은 괴롭고 어려웠던 순간들을 떠올리며, 그것에 대해 질문해봤다. '내 단점을 어떻게 하면 장점으로 승화할 수 있을까?', '부끄러운 내 과거로 누군가에게 힘이 될 수 있을까?', '어떻게 하면 나의 노하우를 다른 사람에게 전할 수 있을까?'

질문을 계속 이어나가자 나를 다시 살게 한 엄마에 대한 생각을 떨칠 수 없었다. 그래서 곧바로 질문했다. '부모로서 배운 것도 없고 가진 것도 없어 늘 미안하다고 하시는 엄마에게 어떻게 하면 우리를 낳아주신 것을 잘한 일이라고 알려드릴 수 있을까? 엄마한테 고맙다고 백번을 말해도 듣지 않으실 텐데 좋은 방법이 없을까?'

나는 해결책으로 엄마와 함께 〈아침마당〉이라는 TV프로그램에 출연했고, 또 책을 써서 베스트셀러 작가가 되었다. 그러자 엄마는 그 작은 동네에서 유명 인사가 되었다. 동네 이장님, 면장님, 시의원, 국회의원 그리고 동네 장터 어른들과 문중 어른들까지 신흥리댁 딸이 그렇게 훌륭하다며, 어떻게 그런 딸을 낳아 길렀냐고 엄마에게 묻기 시작했다. 그제야 엄마도 미안한 마음보다 "내가 그래도 아그들한테 많이 잘못한 것은 아닌가벼~"라며 나의 어릴 적 이야기를 자랑스레 꺼내기 시작했다.

가끔 난데없이 큰 난관이 드리워지면 답이 없다고 느껴질 것이다. 하지만 답이 없는 게 아니라 아직 답을 찾지 못한 것이라고 생각했으면 좋겠다. 이 어려움을 해결할 답을 아직은 모르지만 답은 꼭 있다고 믿기를 소망한다. 질문을 바꿔나가며 꿋꿋이 대답하면 당신은 반드시 답을 찾을 수 있을 것이다. 손쉽게 찾은 답은 당신의 인생을 뒤바꾸고 심장을 요동치게 할 기폭제가 되지 못한다. 나도 그랬다.

하지만 죽음의 목전에서 앞으로 무얼 위해 살아야 할지 질문했을 때 나는 답을 찾았다. 그 답은 엄마였다. 그리고 엄마는 지금의 내가 존재하게 된 이유가 되었다. 당신이 찾고자 하는 답을 이미 구해놓은 사람들이 얼마든지 있다는 사실을 기억하라. 그 답을 온전히 당신 것으로 체득하면 된다. 그러니 낙심하지 말고 계속 묻고 또 물어서 당신의 삶을 찾길 바란다. 간절히 원하면, 당신 앞에 답은 반드시 나타날 것이다.

나는 지금까지 웰씽킹의 본질인 일곱 가지 생각의 뿌리에 대해 이야기했다. 인생은 한 그루의 사과나무를 잘 키워 내 당도 높은 사과를 얻는 일과 비슷하다. 어떻게 하면 알이 실하고 단맛이 가득한 사과를 딸 수 있을까? 그런 사과의 무게를 버틸 가지는 어떻게 키워야 할까? 이 물음에 중요한 메시지가 있다. 좋은 사과를 얻기 위해서는 너무 많은 사과가 열리지 않도록 가지를 치고 솎아내는 작업이 중요하다. 무엇보다 비바람이 몰아치는 극한의 상황을 이겨낼 튼튼한 뿌리가 땅속 깊숙하게 자리 잡아야 한다.

그러나 많은 사람이 이 사실을 모른 채로 꿈을 이루겠다고 장담한다. 이런 사람은 처음에는 열정이 가득하지만 시간이 지날수록 뒷심을 발휘하지 못한다. 목표를 향해 가는 길에 나타나는 많은 어려움에 지쳐 포기하고 만다. 뿌리가 아닌 사과에 관심을 두기 때문에 쉽게 흔들리는 것이다. 모든 일에는 순서가 있는 법이다. 그러므로 먼저 씨앗을 심은 다음 강한 뿌리를 내리는 데 집중해야 한다. 잠재의식 속에 이 뿌리를 심고 정성으로 키운다면, 당신이 생각하는 꿈은 언젠가 현실이 될 것이다.

당신의 꿈은 무엇인가? 진짜 당신이 하고 싶은 것이 무엇이냐고 물어보면 열에 아홉은 이렇게 대답한다. "지금 하는 일을 그만두고 제가 원하는 새로운 일을 찾고 싶어요"라고. 반은 맞고 반은 틀린 말이다. 지금 하고 있는 일이 꿈인 사람은 많지 않다. 그래서인지 다시 학교에 가서 공부하겠다고, 회사를 그만두고 여행을 떠나겠다고, 일단 사업을 하겠다고 모아놓은 돈을 다 까먹는 사람이 부지기수다. 어떤 일을 좋아하고 잘할 수 있을지 고민만 하다가 포기하는 사람도 수없이 많다. 이건 좋은 방법이 아니다.

일단 지금 하고 있는 일에서 최고가 되는 게 중요하다. 꿈은 다른 곳에 있다 하더라도, 지금 하고 있는 일을 꿈을 향해 도약할 기반으로 삼아야 한다. 나에게 주어진 모든 것에 최선을 다해야 하늘도 감동하는 법이다. 단 한 번도 한 가지 일에 온전히 미쳐본 적도 없고, 뼈가 으스러지도록 정성을 다한 적도 없는데 어떻게 부자가 되겠는가?

나는 성공에 대해 이야기할 때마다 와이셔츠 공장에서 일하며 야간 고등학교에 다닐 때를 떠올린다. 그 시절 나는 어떻게 하면 더 빨리 더 많이 만들 수 있을까 고민했다. 나의 분야에서 어떻게 하면 최고가 될 수 있을지를 생각하는 데에 그야말로 완전히 미쳐 있었다.

한번 생각해보라. 내가 과거에 다녔던 와이셔츠 공장과 현재의 켈리델리 요식업이 무슨 관계가 있는가? 겉으로 보기에는 아무런 연관성이 없다. 하지만 한 가지 분야에서 최고를 찍겠다는 집념, 그것만큼은 일맥상통하고 있다. 그리고 그것이 나를 이렇게 만들었다.

그러므로 언제나 최선을 다하라.
당신이 심은 목표는 때가 되면
자연스레 수확하게 될 것이다.

웰씽킹의 정수는
시각화다

꿈을 현실로 만드는 데에는 10%의 의식과 90%의 무의식이 작용한다. 중요한 점은 의식보다 무의식이 삶에 더 지대한 영향을 끼친다는 사실이다. 사람은 의식적으로 사는 것 같아 보이지만 실상은 그렇지 않다. 의식적으로 생각할 수 있는 범위에는 한계가 있다. 그러나 무의식적으로 튀어나오는 생각은 그 범위와 개수가 어마어마하다. 그래서 무의식을 잘 사용하면 목표를 이루고 성공할 수 있다.

나는 무의식의 엄청난 힘을 이용해서 큰 부를 이루었다.

10%의 의식으로 내가 통제할 수 있는 일들을 시도했고, 나머지 90%의 무의식은 내 꿈을 위해 자동으로 일하도록 지시했다. 일할 때나 수면을 취할 때, 운동하거나 대화를 할 때 등 그 어느 순간에도 무의식이 계속 일하도록 설정했다.

크게 성공한 사람과 그렇지 않은 사람의 차이는 이 무의식의 세계를 어떻게 통제하느냐에 달렸다. 내가 이 사실을 깨달았을 때, 놀랍게도 대성한 사람들은 이미 이 방법을 알아서 실천하고 있었다.

무의식은 의식이 몽롱한 상태에서 활발하게 일한다. 즉, 잠들기 직전의 10분, 그리고 아침에 눈뜰 때의 10분 정도가 무의식의 시간이다. 이때 내가 이루고 싶은 것을 100번쯤 반복해서 말하는데, 이것을 100일 이상 반복한다. 이렇게 무의식을 훈련시키면 당신의 꿈이 믿음이 되고, 믿음은 곧 신념이 된다.

잘만 활용하면 잠재의식은 인생에서 더 많은 것을 성취할 수 있도록 도와주는 최고의 수단이 된다. 한편으로는 성공적인 인생을 위한 많은 도구들 중에서 가장 저평가된 도구이기도 하다. 마인드 파워, 생각 파워, 생각의 힘, 마음의 힘, 끌어당김의 법칙 등 여러 가지로 불리는데, 그중에서 나는 생각 파워, 웰씽킹이라고 부르고 있다. 그 중요성을 아무리 강조해도 부족한 웰씽킹은 성공적인 삶을 위해 가장 중요한 도구다.

나는 죽을 만큼 열심히 살았지만 가난했다. 내 주변도 모두 그랬다. 우리 엄마는 평생 새벽 5시 전에 일어나 집안일을 하고 농사를 지었다. 일할 수 없는 병약한 남편과 여섯 명의 자식을 위해 뼈가 부서져라 일했지만 항상 가난했다. 그 누구보다 열과 성을 다해 살았으나 가난에서 벗어나지는 못했다.

당신의 삶은 어떤지 궁금하다. 당신은 지금 열심히 살지 않아서 원하는 것을 가질 수 없었는가. 절대 그렇지 않을 것이다. 당신은 그 누구보다 치열하고 성실하게 살아왔을 것이다. 지금 이 순간, 부를 창조하는 생각을 갖기 위해 이 책을 읽는 것만으로도 생의 의지를 알 수 있다. 당신은 충분히 열심히 사는 사람이다.

그러나 삶에 부를 스며들게 하려면 더 많은 것을 끌어당기며 똑똑하게 살아야 한다. 그 방법이 웰씽킹이다. 나는 웰씽킹을 삶에 철저하게 적용했고 그 결과, 단 몇 년 만에 내가 원하는 모든 것을 이루었다. 그때 죽도록 열심히만 한다고 해서 삶이 좋아지는 것은 아니라는 사실을 깨달았다. 밭을 가는 소처럼 우직하게 나아간다고 부를 이루는 것은 아니다.

선택의 순간마다 좀 더 장기적이고 가치 있는 생각을 한다면 성공적인 삶을 살 수 있다. 이미 명상은 스트레스 해소, 창의력 향상, 정신력 발달에 도움이 된다고 과학적으로 증명됐다. 무엇보다 성공적인 삶을 만드는 데 명상이 큰 도움을 주었다는 사실을 끊임없이 알리고 있다. 오프라 윈프리, 스티브 잡스, 존 아사라프, 잭 캔필드 같은 유명 인사들은 명상으로 많은 것을 이뤘다고 말하며, 명상을 생활의 일부로 만들라고 권장한다.

나는 사업이 망한 뒤 우울한 시기를 거쳐 다시 일어서려고 했을 때, 매일 몇 시간씩 걷고 명상하는 걸 반복했다. 그때는 죽지 않으려고 내가 할 수 있는 것을 시작한 것뿐이었다. 성공이나 미래를 위한 것이 아니었는데, 그럼에도 머릿속에 사업을 위한 기발한 아이디어가 계속 떠올랐다. 특히, 되고 안 되고를 미리 점치지 않고 행동으로 옮긴다는 긍정적인 효과를 얻을 수 있었다.

지금부터는 무의식을 통제해 활용하는 그 방법을 구체적으로 공유하려 한다.

시각화 트레이닝

만약 당신이 나에게 성공을 이루는 핵심 요소가 무엇이냐고 묻는다면, 나는 주저하지 않고 '시각화'라고 대답할 것이다. 시각화는 웰씽킹의 정수다. 시각화란 내가 원하는 가장 이상적인 삶을 상상하며 잠재의식 속에 이미지를 심는 일로, 나 역시 부를 이루기 위해 단 하루도 빠짐없이 시각화를 실천했다.

웰씽킹을 실천하기 전의 나는 그저 10억 원을 빚진 사람이었을 뿐이다. 열심히 사는 것만이 능사가 아니다. 지혜롭게 열심히 살아야 한다. 여기서 지혜롭다는 말은 방향성을 갖는다는 의미다. 원하는 것에만 집중하는 일이다. 내가 가고자 하는 곳에만 집중하고, 가고 싶지 않은 곳은 생각도 하지 않는 일이다.

목표 달성을 위해 끈기가 중요하다고 계속 강조했다. 끈기는 완전히 몸에 배어 물아일체가 되었을 때 비로소 효과가 나타난다. 하지만 끈기를 갖는 게 어디 쉬운 일이던가. 왜 뜨거운 의지와 열망은 오래가지 못할까. 바로 잠재의식에 내재된 부정적인 생각 때문이다. 당신이 목표를 이루고자 한다면 잠재의식의 중요성을 배워야 한다.

인간은 3초마다 새로운 생각을 한다. 원하든, 원하지 않든 3초마다 한 번씩 무의식이 생각을 올려 보낸다. 잠재의식은 의식적인 생각보다 3만 배나 강한 힘을 가지고 있다. 무의식은 태어나서 보고, 듣고, 배운 모든 것을 기억한다. 스쳐 지나간 경험까지도 자세하게 기억한다. 잠재의식은 모든 순간을 기록하고 기억하기 때문에, 일종의 알고리즘이라고 생각하면 된다.

독서를 예로 들어보자. 책을 읽고 나면 아무것도 기억에 남는 것 같지 않지만, 결정적인 순간에 아주 중요한 역할을 할 때가 있다. 이게 의식적으로 떠올릴 수는 없지만 필요한 순간에는 떠오르는 잠재의식의 힘이다.

1%의 사람이 96%의 자산을 소유하고 있는 시대다. 이는 초능력이 아니다. 1% 사람들은 끌어당김의 법칙, 생각 파워, 시각화, 심상화 등의 방법을 사용해 이를 가능하게 만들

었다. 이는 성공한 사람들의 공통점이자 지혜롭게 열심히 산 사람들의 성공 비법이었다. 나는 공부도 못하고 잘난 것도 없고 가난했지만, 이 방법만은 먹어버리겠다고 결심했다.

잠재의식의 알고리즘은 내가 원하지 않는 곳으로 나를 인도하며 삶을 좌지우지한다. 그렇기 때문에 우리가 진정으로 이루고 싶어 하는 것도 쉽게 포기하게 된다. 하지만 잠재의식의 알고리즘이 나쁜 것은 아니다. 이를 반대로 이용하면 성공의 훌륭한 도구가 될 수 있다.

3년 동안 단 하나의 목표에 집중하는 게 가능할까? 결론부터 말하자면 가능하다. 끈기를 가지고 집중하면 인간은 5년 안에 웬만한 목표는 다 이룰 수 있다. 그렇기에 지금 하는 일에 포기하고픈 마음이 생겼다면, 처음의 의지를 망각했다는 뜻이다. 시각화의 핵심은 이 처음의 의지를 오랫동안 지속시키는 데 있다.

나무늘보처럼 천천히 포기할 마음을 가져야 한다. 왜냐하면 중요한 순간에 다시 뜨거운 마음이 일어나기 때문이다. 잠재의식의 힘을 이용해 아주 즐겁게 꿈을 향해 가야 한다.

시각화가 중요한 이유는 잠재의식 속에 갇힌 잘못된 정

보를 정화시키기 때문이다. 우리는 의식적으로 살아간다고 믿지만, 사실 잠재의식의 알고리즘에 지배받고 있다. 그래서 잠재의식에 심어져 있는 잘못된 심상들을 지우는 작업을 해야 한다.

'어디 아프니?'라는 말을 친구에게, 같이 일하는 동료에게, 그리고 저녁에 또 다른 사람에게 반복해서 듣게 되면 그 순간부터 정말 아프기 시작한다. 생각보다 엄청 빠른 속도로 거짓된 정보가 잠재의식 속에 박히는 것이다. 사람은 세 번만 실패해도 절대 성공할 수 없을 것이라고 생각하게 된다. 잠재의식의 알고리즘이 지속적으로 부정적인 정보를 투영했기 때문이다.

인간의 가능성에 대해 논할 때, 말뚝에 묶인 어린 코끼리 비유를 많이 든다. 어린 코끼리 한 마리가 말뚝에 묶여 있는 모습을 상상해보라. 어린 코끼리는 자유라는 본능 때문에 몇 번이고 벗어나려고 시도했을 것이다. 하지만 자기보다 강한 말뚝 때문에 '나는 벗어날 수 없어', '그냥 이렇게 사는 게 나의 삶이야'라고 부정적인 생각을 잠재의식 속에 계속 저장하게 된 것이다. 결국 어린 코끼리는 어른이 되어 말뚝을 뽑고 남을 만큼의 힘을 갖고도 그것을 절대 뽑을 수 없다고 생각하게 된다. 더 큰 문제는 자기 새끼들에게도 분명 그렇게 가르칠 것이라는 사실이다.

어쩌면 당신도 '나는 절대 할 수 없어'라는 말뚝에서 도망치지 못하고 있는 건 아닐까. 충분히 그것을 뽑아내고 푸른 평원으로 나아갈 수 있음에도, 스스로를 구속하고 있는 건 아닐까. 시각화는 당신을 옴짝달싹 못 하게 만드는 말뚝을 오직 당신의 힘으로 뽑는 일이다. 당신의 삶에 새로운 에너지와 기운을 집중시키고 마침내 자유를 얻는 일이다. 무엇보다 당신의 미래에 대한 청사진을 마음껏 상상하며 온 우주의 기운을 수용하는 일이다.

내가 다시 살겠다고 세상 밖으로 나온 날은 나를 잡아두고 있던 말뚝을 뽑은 날이었다. '나는 절대 할 수 없어'라는 생각이 '나는 무조건 할 수 있어'라고 바뀌는 순간, 내 인생은 180도로 달라졌다.

지금부터는 실질적인 시각화 방법에 대해 얘기하고자 한다. 내가 이 방법을 통해 나의 내면의 세계를 건강하게 만들고 큰 부를 거머쥐었듯이, 당신에게도 분명 큰 힘이 되어주리라 확신한다.

웰씽킹의 여섯 가지
시각화 방법

잘 알려져 있는 '끌어당김의 법칙'이란 말은 정말 매력적이다. 하지만 이 끌어당김의 법칙을 삶에 적용하다 보면 비현실적으로 느껴질 때가 있다. 나도 성공하는 사람들의 비법 중 하나라는 끌어당김의 법칙을 삶에 접목하면서 그런 느낌이 들 때가 더러 있었다. 그래서 나에게 맞는 시각화를 구상했고, 이를 조금 더 내실 있게 발전시켰다.

시각화는 크게 '채우기'와 '비우기'로 나눌 수 있다. 채우기는 갖고 싶거나, 되고 싶거나, 하고 싶은 것을 매우 선명하게 상상해 무의식 속에 입력하는 과정이다. 보통 사람들은 채우기와 같은 시각화를 통해 자신이 꿈꾸는 미래를 잘 입력하지만, 정작 가장 중요한 비우기는 하지 않는다. 비우기는 자신에게 방해가 되는 과거의 기억과 감정을 모두 버리는 것이다. 반드시 비우기 시각화까지 실천해야 한다. 비우기까지 해야 잠재의식의 알고리즘이 좋아지기 때문이다.

무의식은 당신의 의지와는 상관없이 하루에 2만 가지에서 6만 가지의 생각을 지속적으로 불러일으킨다. 그래서 채우기만 한다면 부정적인 생각은 계속 남아 당신이 목표에 집중하는 걸 방해하게 된다. 잠재의식의 부정적인 알고리즘이 맑고 명료하게 깨어 있는 상태를 공격하기 때문이다. 그런 의미에서 내가 제시하는 시각화를 통해 부정적인 심상들을 지우면, 목표에 집중하는 일이 한결 쉬워질 것이다.

나는 채우기와 비우기를 여섯 가지 시각화로 구성했다.

첫 번째, 사회적으로 성공한 나의 청사진 시각화
두 번째, 인생 영화감독 시각화

세 번째, 이상적인 하루를 보는 아침 시각화

네 번째, 일을 이상적으로 그리는 긴장 시각화

다섯 번째, 비우는 블랙홀 시각화

여섯 번째, 비우는 저녁 시각화

앞에서 네 번째까지의 시각화는 자신이 원하는 것을 입력하는 채우기 과정이고, 나머지 두 개의 시각화는 당신의 삶에서 방해가 되는 모든 것을 버리는 비우기 과정이다.

첫 번째, 청사진 시각화(5분)

청사진 시각화는 당신이 중장기(5~10년) 꿈을 이루었을 때 가장 원하는 순간을 사진 한 장으로 남기는 것이다. 마음속 밑바닥에 두고 온 진정한 꿈을 끌어 올리는 시각화다.

먼저 방 안을 어둡게 하고 편안하게 앉을 수 있는 자리를 마련한다. 그리고 눈을 감는다. 당신은 지금 5년 후 직업적으로 사업적으로 가장 성공한 모습을 청사진 한 장으로 보고 있다. 당신은 지금 무엇을 하고 있는가. 당신 옆에는 누가 있고, 그 사람 혹은 그 사람들과 무엇을 하고 있는가. 딱 한 장만 떠오를 수 있도록 집중해야 한다. 5분간 지속한다.

자, 이제 눈을 뜨고 방금 떠오른 사진에 대해 자세히 한번 적어보라. 당신이 보았던 당신 자신에 대한 감정을 적어도 좋다. 누구랑 함께 있었는지, 어디에 있었는지 아주 자세히 적어야 한다. 아직 시각화 훈련이 습관으로 자리 잡히지 않았다면 금방 잊어버리기 때문이다.

특히 그 벅찬 감정이 어땠는지 적어야 한다. 그 느낌을 신뢰하고 계속 상기해야 한다. 이제, 이 청사진을 현실로 만드는 행동력을 발휘하면 된다. 사회적으로 성공했을 때의 내 모습을 상상하며 느꼈던 그 감정을 피부와 세포 하나하나에 각인시켜야 한다. 지금의 나보다 훨씬 근사해진 나 자신을 기억하라. 오감으로 느끼고 믿어라.

두 번째, 영화감독 시각화(30~40분)

영화감독 시각화는 당신이 주인공이 되어 인생의 전반적인 스크립트를 구성하는 시각화다. 성공을 이루기 위해 반드시 거쳐야 할 과정을 구성하는 방법이다. 핵심은 인생의 수많은 우여곡절과 어려움을 어떻게 넘어설 것인지 그 해결 방법을 잠재의식에 각인시키는 것이다.

많은 운동선수가 이미 영화감독 시각화를 실천하고 있다.

경기 전에 경기의 시작부터 끝까지를 상상하며, 중간에 발생하는 위기나 어려움을 어떻게 극복할 것인지 미리 그려 보는 것이다. 이는 스포츠뿐만 아니라 삶에도 적용 가능하다. 그냥 열심히 하는 것보다 내 미래를 미리 상상하고 행동하는 것이 더 효과적일 수밖에 없다.

예를 들어 보자. 주변 사람들의 말 때문에 흔들리고 포기할 수 있다. 그럴 때는 그런 말을 들었을 때 실제로 어떻게 대처할 것인지에 대해 상상하면 된다. 내 안에 있는 잠재의식의 알고리즘을 긍정적으로 바꾸는 게 중요하다. 그러면 절대 흔들리지 않는다.

방 안을 어둡게 하고 자리에 앉은 후 긴장을 풀면서 눈을 감는다. 무릎에 손을 올린 뒤, 손바닥이 천장을 향하게 하고 손등을 무릎에 닿게 한다. 지금부터는 복식호흡을 해야 한다. 복식호흡은 숨을 마실 때, 코로 3초 정도를 마시면서 배를 부풀린다. 그리고 내쉴 때는 마신 것보다 세 배 정도의 길이로 배를 홀쭉하게 만들며 내쉰다. 숨을 코로 들이마실 때는 온 우주의 기운이 내 코를 통해 몸으로 들어온다고 상상하라. 내쉴 때는 온몸의 찌꺼기가 밖으로 빠져나간다고 상상하면서 호흡하라.

손을 스무 번 정도 가볍게 쥐었다 펴라. 머릿속에 생각이 떠오를 때마다 그 생각이 나의 몸 밖으로 튕겨 나가는 걸 느끼면서 천천히 호흡을 반복한다. 몸이 의자 속으로 푹 꺼질 듯이 편하게 앉아라. 온몸의 긴장이 풀리면서 얼굴의 긴장도 풀린다. 이마와 눈썹, 눈을 지나 입의 긴장이 풀린다. 목과 어깨도, 팔다리도 긴장이 풀린다. 온몸의 긴장을 푼 채로 의자에 더 깊숙이 앉는다. 그리고 당신의 상상력은 아주 강하다고 믿어라.

미간 사이에 파랗고 아삭한 사과를 딱 떠올린 뒤, 사과를 싹 없애본다. 이번에는 빨간 딸기를 떠올린다. 싹 딸기가 사라진다. 파랗고 아삭한 사과가 아주 신맛 나는 향기와 함께 떠오른다. 이 신맛 나는 향기도 맡을 수 있는 능력이 당신에게는 있다. 신맛이 나는 사과를 떠올리자 침이 고인다. 싹 사과가 없어졌다. 빨간 딸기가 아주 달콤한 향과 함께 떠오른다. 달콤한 딸기향이 온몸에 느껴진다. 당신의 오감은 매우 예민하다. 계속 복식호흡을 한다.

지금부터 당신은 상상력이 아주 풍부한 영화감독이 된다.

주인공도 당신이고 감독도 당신이다. 이 영화는 감독의 마음대로 만들 수 있으며 무엇이든 가능하다. 이 영화의 주인공은 수많은 우여곡절과 시행착오를 거치면서도, 결국 원하는 것을 이룰 것이다. 이 영화는 지금부터 5년 정도 당신의 중장기 꿈이나 목표를 이루어가는 영화다. 당신은 당신이 실패도 하고, 거기서 배워서 또다시 도전하는 과정을 보고 있다.

지금 당신을 방해하는 사람은 누구인가. 당신을 가로막는 상황은 무엇인가. 지금부터 5분간 자세히 그 장면을 그려보라. 당신은 어떤 우여곡절을 보고 있는가. 당신은 당신을 방해하는 사람들을 설득한다. 설득은 성공적이었고 그 사람들의 마음을 돌리게 되었다. 이제 당신은 무엇이든 가능한 사람이다. 당신을 방해했던 모든 사람과 상황은 더 이상 당신을 괴롭히지 못한다. 오히려 그것들은 당신을 응원하는 파트너가 되었다.

이 영화는 이제 거의 클라이맥스에 다다르고 있다. 당신도 알다시피 모든 영화에서 주인공은 클라이맥스에 다다르면 엄청난 힘을 얻고 원했던 모든 걸 이루어낸다. 진정으로 강해진 당신의 모습을 보라. 어떤 모습인가. 온몸으로 느낄 수 있는 모든 감각으로, 성공한 당신의 모습을 느껴보라. 울고 싶으면 울고, 웃고 싶으면 웃고, 소리 지르고 싶으면 소리 질러도 된다. 중요한 것은 당신의 모든 감각이 이 순간을 기억하는 것이고 잠재의식이 이를 각인하는 것이다.

자, 이제 당신 인생 영화의 결말을 보고 있다. 많은 우여곡절에도 불구하고 당신은 이루고 싶은 모든 걸 이룬 상태다. 당신의 주변에 무엇이 있는지 확인하고 느껴라. 할 수 있다고 믿어라. 어떤 집에서 어떤 사람과 살고 있는가. 집은 어떤 모습인가. 집의 베란다 또는 테라스로 나가보라. 어떤 경치가 보이는가. 다시 안으로 들어오라. 어떤 침대를 쓰고, 어떤 거실이 있는가. 그 거실에서 누구와 식사하고 어떤 일상을 보내는지 떠올려보라.

이렇게 멋진 집을 당신이 가질 수 있다고 확신하라. 꿈을 이룬 당신은 누구와 함께 있는가. 지금 봤던 모든 것이 당신이 상상했던 가장 이상적인 상태다. 온몸으로 느끼고 확신하라. 어떤 차를 타고 있는가. 자녀와 배우자는 어떤 사람인가. 자녀와의 삶은 얼마나 행복한가. 당신의 자녀는 어떤 학교를 다니고 어떤 공부를 하고 있는가.

당신의 꿈을 이루기 위해 도와준 사람을 보았는가. 처음에 당신을 의심하고 멸시했던 사람들이 이제 당신을 응원하고 있다. 성공 직후에 당신은 누구와 함께 있는가. 어떤 친구들과 함께하고 있는가. 누가 당신의 꿈을 이루는 데 일조했는지를 꼭 기억하라. 그리고 정말 마음을 다해 고마움을 표시하라. 당신의 마음속에 있는 그 한마디를 건네라. 함께해줘서 고마워. 내 꿈을 이루는 데 도와줘서 정말 고마워. 나를 내조해줘서, 외조해줘서 정말 고마워. 부모님 감사해요.

당신도 사랑하는 사람들에게 듣고 싶은 말이 있다면 들어라. 당신은 누구에게 어떤 말을 듣고 싶은가. 당신이 사랑하는 사람들이 당신이 그토록 듣고 싶었던 그 이야기를 해줄 것이다. 수고했어. 잘했어. 고마워. 태어나줘서 고마워. 내가 안 된다고 해서 정말 미안해. 내가 너를 무시해서 정말 미안해. 결국 이뤄냈구나! 정말 대단하다. 오해해서 미안해. 내가 오해했어. 정말 잘했어. 해냈구나! 멋있어! 정말 멋있어!

자, 이제 눈을 떠라. 노트에 당신이 듣고 싶은 말을 적어보라. 당신의 영화를 한 줄로 요약해서 명료하게 적는 게 중요하다. 그 옆에 언제까지 이룰 건지 날짜를 적어넣어라. 3년이든 5년이든 10년이든 당신이 생각하는 그날을 연월일까지 세세하게 적어라. 그리고 당신이 이 꿈을 이루기 위해 하지 말아야 할 세 가지를 선택해서 적어라. 이 꿈에 가까이 가기 위해 내가 지금 당장 멈춰야 할 세 가지를 적어라. 채우는 것은 멈추고 일단 비워내라. 다시 작심삼일로 끝내기 싫다면 먼저 버린 뒤에 그다음 채워라.

이번에는 꿈을 이루기 위해 반드시 해야 될 세 가지를 적어라. 그리고 나를 방해했던 사람들을 어떻게 설득하고 내 편으로 만들 것인지 적어라. 조금 전의 영화감독 시각화에서 어떻게 당신을 지지하도록 만들었는지 떠올려라. 그리고 내가 사랑하는 사람들에게 듣고 싶은 한마디가 무엇이었는지 적어라. 마지막으로 내가 성공한 모습을 본 감정을 정리해서 기록해보자.

내가 성공한 모습을 봤을 때의 감정이 정말 중요한데, 이걸 잠재의식이 기억하도록 만드는 것이 핵심이다. 얼마나 행복했는지, 얼마나 뜨거운 희열을 느꼈는지 당신의 단어로 정리하라. 당신만의 영화를 완성한 것을 진심으로 축하

한다. 이제 아주 작은 것이라도 실천하며 행동으로 보여라.

세 번째, 아침 시각화(3~10분)

아침 시각화는 잠에서 깨어 눈을 뜨자마자 실시하는 시각화다. 오늘 하루를 가장 이상적으로 보내기 위해 첫 단추를 꿰는 일이라고 생각하면 쉽게 이해할 수 있을 것이다.

아침에는 눈을 뜨자마자 오늘이 가장 이상적으로 흘렀을 때의 내 모습을 상상한다. 영화 시각화와 결이 비슷하니 같은 방법으로 실천하면 된다. 영화 시각화는 삶의 전반적인 목표를 두고 실천하는 것이지만, 아침 시각화는 오늘 하루에 대한 부분만을 시각화하면 된다. 한 가지 조언하자면 자기 전 핸드폰은 멀리 두는 게 좋다. 그렇지 않으면 눈을 뜨자마자 핸드폰부터 집어들 확률이 높기 때문이다.

아침 시각화의 핵심은 큰 꿈을 이루는 데 필요한 요소를 아침에 받아들여 긍정적인 잠재의식을 발현시키는 것이다. 목표에 방해되는 요소들을 원천 차단시키고 삶을 건강한 에너지로 가득하게 만드는 일이다. 다만, 앞서 말했듯 모든 시각화가 한번 했다고 효과를 보는 게 아니다. 반드시 매일 하루를 시작하면서 실천하길 바란다. 그래야 나도 모르게 쌓인 불순물을 비워내고 그 자리에 새로운 것을 채울 수 있다.

아침 시각화는 오늘 하루를 미리 살아보는 일이다. 이 시각화는 오늘 당장 해야 하는 일의 우선순위를 정하는 데 도움이 된다. 그렇게 하면 오늘 하루하루를 효율적이고 성공적으로 이끌 수 있는 힘이 생길 것이다,

네 번째, 긴장 시각화(10초~3분)

채우기의 마지막은 긴장 시각화다. 긴장 시각화는 일이 가장 이상적으로 흘렀을 때, 또는 정말 중요한 일이 있을 때 실시하는 시각화다. 내 꿈이 어떤 식으로 이뤄지고 있는지, 그리고 어떤 식으로 흘러가야 하는지 시각화하는 것이다. 만약 긴장되거나 중요한 일정이 있다면, 1분 동안 눈을 감고 내가 원하는 가장 이상적인 방법으로 일이 진행되는 모습을 그려라.

예를 들어 큰 계약 건이 있다면, 고객과 내가 서로에게 좋은 방향으로 질문을 주고받고 고민을 해결하여 계약서에 서명하는 걸 그려보는 것이다. 웃으며 악수로 마무리하는 장면까지 시각화해 회의에 들어가면 좋은 성과를 거둘 수

있다.

프레젠테이션이나 강연을 앞두고 있다면, 떨지 않는 모습이 아니라 강당에서 감동적인 강연을 하고 있는 모습을 상상하라. 강연에 참석한 사람들의 인생에 변화를 일으키는 열광적인 장면을 상상할 수도 있다. 마음이 불안해질 때는 바로 눈을 감고, 우여곡절 속에서도 내가 가장 원하는 방향으로 인생이 흘러가는 모습을 상상하라. 큰 힘이 될 것이다.

작은 목표나 프로젝트가 있다면 긴장 시각화를 반드시 하는 게 좋다. 무엇보다 다양한 방법으로 인증도 한다면 효과는 배가된다. 아무리 좋은 통찰을 얻어도 3일이면 흐려지기 시작하니 반드시 바로 실행해야 한다는 사실을 잊어선 안 된다. 이를 알고 있는 사람들은 나의 인스타그램에 삼삼오오 모여 함께 도전하고 있다.

다섯 번째, 블랙홀 시각화(1~2시간)

이제 비우기 차례다. 블랙홀 시각화는 엄마 배 속에 있었던 순간부터 가지고 있던 부정적인 잠재의식을 버리는 과정이다. 지금까지의 시각화는 가고 싶은 길에 대한 시각화였다. 하지만 이것만으로는 잠재의식에서 뿜어내는 부정적 알고리즘을 통제할 수 없다. 이 부정적 알고리즘을 바꾸지 못한다면 목표를 향해 가는 길이 고단하다. 이 시각화는 알고리즘을 더 좋게 만드는 것이 핵심이다.

집중해야 할 때 당신의 길을 막는 방해 요소들이 있다면 그때마다 블랙홀 시각화를 해야 한다. 블랙홀 시각화를 제대로 활용하려면 나이대별로 기억과 감정을 지워야 한다. 예를 들어 내가 마흔 살이라면 10대, 20대, 30대까지의 기억과 감정을 지워야 한다. 이때 기억만 지우는 게 아니라 감정도 함께 지우는 것이 핵심이다. 돈과 부에 대한 부정적인 기억과 감정도 이를 통해 지울 수 있다.

불을 끄고 편안한 자세로 눈을 감는다. 안정된 상태로 상상해야 한다. 당신은 지금 꿈을 이룰 수 있다는 동기부여로 충만해진 상태다. 열심히 살겠다고 다짐했고, 며칠이 지났다.

당신은 지금 시내에 가고 있다. 차가 아주 쌩쌩 달리는 사거리 신호등 앞에 서 있다. 신호등이 적색에서 녹색으로 바뀌었다. 4차선 도로를 건너기 위해서 막 발을 떼고 걷기 시작한다. 횡단보도의 중간 정도 왔을 때, 덤프트럭이 당신에게 달려오더니 그대로 치고 지나간다. 당신은 엄청난 소리와 함께 그 덤프트럭에 부딪혀 산산조각이 났고, 그 자리에서 즉사했다. 당신은 영혼이 되어 이미 부서져버린 당신을 내려다보고 있다. 피투성이가 되어 거의 형체도 알아볼 수 없게 된 당신을 다른 사람들이 지켜본다.

아주 급히 구급차가 도착하고 더 많은 사람이 당신 주변에 모여들었다. 하지만 당신은 이미 손쓸 수 없을 정도로 망가졌다. 그 복잡한 상황을 한참 동안 바라보고 있다. 구급차는 당신을 태우고 병원으로 달려가고 있지만 당신은 이미 죽었다. 당신의 영혼은 지금부터 사랑하는 사람들에게 가서 작별 인사를 전해야 한다. 당신이 가장 사랑하는 사람은 지금 무엇을 하고 있는가. 그 사람들에게 다가가 나는 이미 죽었고, 내 육신은 병원에 가고 있으며, 작별 인사를 하러 왔다고 말하라. 배우자, 부모님, 친구, 자녀와 작별 인사를 나눠라.

사랑하는 사람에게 나는 이미 죽었다고, 그동안 고마웠다고 말하라. 부모님께 감사의 마음을 전하라. 자녀가 있다면 내 딸, 내 아들로 태어나줘서 고맙다고 말하라. 배우자에게는 나를 선택해줘서 고맙다고 말하라. 사랑하는 사람에게

먼저 가게 되어서 미안하다고, 내가 너를 두고 먼저 가게
되서 정말 미안하다고 말하라.

당신의 장례식이 치러지고 있다. 영혼이 된 당신은 장례
식을 지켜보고 있다. 당신의 장례식장에는 누가 왔는가. 누
가 당신의 죽음을 가장 슬퍼하는가. 당신은 그들에게 어떤
모습으로 기억될까. 당신의 자녀는 당신을 어떤 사람이라
고 기억할까. 당신의 부모님은 당신을 어떤 사람이라고 기
억할까. 배우자는 어떻게 기억할까. 다른 친척들은 당신을
어떻게 기억할까. 당신은 장례식을 계속 지켜본다.

이제 시간이 많이 지났다. 당신의 영혼은 하늘 높이 올라
간다. 당신이 살던 도시가 한눈에 보인다. 당신이 없는 이
도시는 여전히 잘 돌아가고 있다. 한참을 바라보다 이번에
는 더 높이 올라가 지구 밖으로 나간다. 당신이 없지만 지
구는 어제와 똑같이 잘 돌아가고 있다.

당신 바로 앞에 블랙홀이 있다. 블랙홀은 우주의 청소기
다. 우주의 모든 쓰레기들이 블랙홀에 들어가면 형체도 없
이 영원히 사라진다. 무엇이든지 청소기처럼 싹 빨아들인
다. 당신은 지금 지구에서의 기억을 떠올리고 있다. 아주 어

릴 적 생각을 하고 있다. 지금부터 당신의 생각을 블랙홀이 다 빨아들인다. 당신의 어린 시절이 블랙홀에 빨려 들어간다. 어떤 생각이든지 떠올리기만 하면 블랙홀이 싹 빨아들인다. 지금부터 3분간 당신의 초등학교 전까지의 모습을 보고 블랙홀에 모두 버려라.

당신이 미처 보지 못했던 온갖 부정적인 것들을 블랙홀이 모두 빨아들이고 있다. 먼저 초등학교 이후의 모든 사진들이 떠오른다. 그 사진들 위에 좋고 나쁜 감정과 기억까지 떠올라 모두 블랙홀에 빨려 들어간다. 지금부터 3분간 초등학교 시절의 모든 사진을 떠올릴 때마다 버려라. 이번에도 당신이 미처 보지 못했던 모든 기억을 블랙홀이 싹 빨아들인다. 무의식 속에 남아 있던 모든 사진을 빨아들였다. 이제 더 이상 당신의 삶에는 유년 시절과 초등학생 시절의 사진에 묻어 있는 군더더기 감정 같은 것은 없다.

이제 10대 후반, 고등학교 때까지의 사진들을 떠올려본다. 생각하는 순간 당신의 사진이 블랙홀 속에 빨려 들어가 영원히 없어진다. 이번에도 20대가 되기 전까지 모든 사진을 블랙홀이 삼켜 버렸다. 이번에는 스무 살에서 서른 살 사이의 사진들을 보고 있다. 20대의 모든 사진을 블랙홀이 빨아들이고 있다. 당신이 미처 보지 못한 사진들까지 다 먹어버렸다. 30대, 40대, 50대 그 이상의 나이대라면 같은 방법으로 블랙홀에 모든 인생의 사진을 버린다. 더 이상 이 사진들에 대한 감정은 없다.

그동안 살아왔던 사진들이 블랙홀 속으로 모두 사라졌다. 모든 기억은 블랙홀 속으로 들어갔고 그 기억들에는 더 이상 아무 감정도 남아 있지 않다. 엄청난 힘을 가진 우주 청소기에서 어마어마한 상자가 나타난다. 그 상자에 당신 삶의 모든 사진과 영상이 훅 하고 담긴다. 감정도 함께 담긴다.

잘못했다는 마음, 잘했다는 마음, 기쁘다는 마음, 슬프다는 마음, 성공했다는 마음, 실패했다는 마음까지 다 상자에 담기면, 마지막으로 상자에 폭탄을 집어놓고 닫는다. 곧바로 블랙홀 속으로 들어간 상자가 팡 터지면서 흔적도 없이 사라졌다. 당신의 무의식과 잠재의식에 더 이상 지난날의 사진과 감정은 없다.

당신은 이제 맑고 깨끗한 영혼으로 다시 태어났다. 당신의 잠재의식도 백지상태가 되었다. 이제 당신이 만약 교통사고로 죽지 않았더라면 가장 이상적으로 살고 있을 모습을 상상하라. 30대, 40대, 50대, 60대에 당신은 어떤 인생을 살고 있는가. 내친김에 50대, 60대, 100살까지 상상하라.

그 어떤 후회도 없이 행복한 삶을 살고 있다. 그리고 때가 되어 사랑하는 가족들 앞에서 편안하게 죽는다. 당신의 영혼은 원래 왔던 우주로 돌아간다. 100년이 흘렀다. 1000년이 흘렀다. 이 지구에서 당신이 살았다는 것을 기억하는 사람은 아무도 없다. 만 년이 흐르고 억만 년이 흘렀다. 서서히 눈을 떠라.

블랙홀 시각화를 한번 했다고 다 지워지는 것은 아니다. 다만 자주 할수록 밑바닥에 있는 사진들이 올라온다. 스스로 왜 이런 버릇이 있는지 알게 되고, 왜 이렇게 살았는지 깨닫게 된다. 그래서 하면 할수록 내 삶을 방해하는 모든 요소를 비울 수 있다. 마치 컴퓨터에 쌓인 쓸데없는 메모리와 파일들이 정리되는 것처럼, 머리가 가벼워지고 두뇌 회전도 빨라진 것을 알게 된다.

블랙홀 시각화를 실천하지 않았을 때는 자꾸만 떠오르는 불필요한 생각들이 나를 괴롭혔다. 내가 생각하려고 한 것도 아닌데 계속 생각하게 됐다. 다시 가난해지고 또 사업이

망할까봐 걱정이 많았다. 그러나 지금은 그런 생각들이 전혀 떠오르지 않는다. 블랙홀 시각화를 지속해왔기 때문이다. 블랙홀 시각화는 2~3년 정도 수련한다고 마음을 먹고 시작하는 게 좋다. 나도 그렇게 실천했다.

여섯 번째, 저녁 시각화(3~10분)

저녁 시각화도 블랙홀과 같은 비우기 과정이다. 블랙홀 시각화와 비슷한 방법으로 실천하면 된다. 다만 매일 저녁 하루를 마무리하는 시점에서 한다는 것이 다르다. 블랙홀 시각화가 과거 인생의 모든 잡념을 비우는 것이라면, 저녁 시각화는 오늘 나에게 있었던 생각과 감정을 모두 비우는 것이다.

매일 저녁 하루를 비우는 시각화를 한 후, 다음 날 기상했을 때 하루를 이상적으로 보내기 위한 아침 시각화를 한다면 당신이 원하는 삶에 더욱 가까워질 것이다.

웰씽킹의 정수인 여섯 가지 시각화 방법을 모두 소개했다. 시각화는 글로 익히면 어렵고, 직접 실천하면서 그 느낌을 알아가야 한다. 시각화를 통해 보았던 당신의 선한 꿈은 반드시 이뤄질 것이다. 그러나 꿈을 이루려면 반드시 집중하고 끈기 있게 행동으로 옮겨야 한다. 결국 목표를 분명하게 하거나 희미하게 만드는 건 당신 자신이기 때문이다.

이제 꿈이나 목표가 생겼다면 미래의 청사진을 상상하고 그렇게 되기 위해 결단해야 한다. 믿겨져서 믿는 게 아니라, 이걸 믿겠다고 결단하는 뚝심으로 무장해야 한다. 믿기까지 너무 많은 게 소모되니 일단 믿어버리고 실현시켜라. 시각화를 통해 당신 안에 있는 부정적인 것들을 내보내고, 당신이 원하는 그곳에 반드시 도달하길 응원하겠다.

"그럼요,
아주 중요합니다!"

    2020년, 예상치 못했던 코로나19의 확산으로 추진 중이던 강연 계획이 모두 수포로 돌아갔다. 한국에서 1000명, 프랑스에서 300명, 영국에서 200명을 대상으로 기획했던 강연이 팬데믹 위험으로 취소된 것이다. 많은 사람의 지친 삶에 동기를 부여하기 위해 혼신의 힘으로 준비했던 터라 아쉬움이 컸다. 차라리 경제나 경영에 관한 강연이 취소되었더라면 다음을 기약하며 홀홀 털어버렸을 텐데. 마음 한 구석에 자리 잡은 아쉬움이 계속 나를 괴롭혔고, 이렇게 끝낼 수는 없다고 생각했다. 그래서 내가 터득한 생각의 힘, 웰씽킹을 인스타그램에 공유하기로 마음먹었다.

처음에는 한 젊은이의 영어 공부도 돕고 나의 생각 파워도 제대로 정립하자는 차원에서 자기계발 영어 명언을 100일간 올리기로 결심했다. 시작은 호기로웠지만 바로 난제에 부딪쳤다. 인스타그램 플랫폼의 특성상 카드뉴스 형식의 이미지가 메시지 전달에 효과적이었는데, 한 번도 만들어본 적이 없었다. 이미지 툴을 다루는 내 모습은 마치 처음 젓가락질을 배우는 어린아이 같았다. 익숙하지 않아 힘들었지만 그래도 완성된 이미지와 함께 자기계발 명언을 올릴 때마다 그렇게 뿌듯할 수가 없었다.

그러던 어느 날 컴맹인 내가 카드뉴스를 만들고 있다는 것을 알게 된 지은 씨가 내게 메시지를 보내왔다. 매일 내가 쓴 글을 공부하고 있는데, 더 깊은 공부를 하기 위해 내가 글을 쓰면 자신이 카드뉴스를 만들어 올리겠다는 내용이었다. 그야말로 좋은 의도로 시작한 일에 선한 영향력이 발휘되는 순간이었다. 코로나19로 바람 앞의 촛불처럼 단번에 꺼질 수 있었던 생각 파워 강연이 다시 한번 피어올랐다. 그렇게 자기계발 명언이 시작되었고, 나의 아쉬움은 점점 옅어져만 갔다.

결심했던 100일의 프로젝트가 끝날 무렵, 많은 사람이 매일 아침 6시 30분에 업로드되는 자기계발 명언을 기다린다는 사실을 알게 되었다. 작은 정성으로 시작한 일이 한 사람 한 사람의 마음에 가닿은 결과였다. 나는 그때, 나의 메시지를 의미 있게 여겨주는 분들을 위해서라도 자기계발 명언을 멈추면 안 되겠다고 생각했다. 그래서 100일이 모두 끝난 후 다시 혼자서 글을 올리기 시작했다. 또다시 컴맹의 분투가 시작되었지만 지성이면 감천이라고, 하늘도 이런 나의 노력을 갸륵하게 여겼는지 더 많은 사람들이 도와줘 웰씽킹을 위한 팀을 구성하게 되었고 100일을 더 연장할 수 있었다.

나는 아무런 조건 없이 자신의 재능을 선뜻 내어주는 분들에게 크게 감동했다. 이분들이 꼭 성공하길 바라는 마음으로 자기계발 명언을 이어나갔다.

종종 켈리 최의 웰씽킹을 100일간 하루도 빠짐없이 공부하는 게 중요하냐는 질문을 받는다. 그럴 때마다 나는 확신에 찬 어조로 이렇게 말한다.

"그럼요, 아주 중요합니다!"

왜 그럴까? 인간의 잠재의식을 완전히 변화시키려면 최소한 100일은 하루도 빠뜨리지 않고 공부해야 하기 때문이다. 내가 성공하기 위해 이미 성공한 사람들의 방법을 내것으로 완전히 체득했던 것처럼, 웰씽킹을 완전히 내 것으로 만들기 위해서는 100일 동안 공부하는 것이 중요하다. 100일이라는 숫자가 중요한 이유는 습관을 만드는 기점이기 때문이다. 습관은 7일 차부터 몸에 배어 100일이면 완전해진다.

우리가 잠재의식을 바꿔야 하는 이유는 원하는 목적지에 도달해야 하기 때문이다. 2002년 노벨 경제학상을 수상한 대니얼 카너먼에 따르면, 사람은 3초마다 한 가지 생각을 하며 한 달에 60만 가지의 생각을 한다고 한다. 하루를 3초 단위로 나누면 하루에 약 2만 9천 개의 생각이 생기는 셈이다. 하지만 24시간 중 3분의 1이 취침 시간이라고 가정해 보면 약 2만 개의 생각이 떠오른다는 계산이 나온다. 어떤 전문가들은 하루에 7만 개의 생각을 한다고 말하는 사람도 있다.

사람들은 대부분 자기 자신이 의식의 주체로서 생각을 통제하고 있으며 자신의 뜻대로 살아가고 있다고 믿는다. 하지만 3초마다 생기는 대부분의 생각은 우리가 예전에 봤거나 경험한 것이 잠재의식 속에 있다가 발현되는 것이다. 경험을 통해 3초마다 떠오르는 생각이 중요한 이유는, 이 생각이 보내는 메시지 때문이다. 그 메시지가 나쁜 생각이라면, 미래에 대한 불안이라면, 포기의 종용이라면 어떻게 되겠는가? 그 인생의 결과는 불을 보듯 뻔할 것이다.

더 중요한 사실은 하루에 떠오르는 2만 개의 생각 중에 긍정적이고 미래지향적인 메시지가 90%라고 하더라도, 나머지 10%의 부정적인 생각이 90%의 좋은 생각을 집어삼킨다는 것이다. 그만큼 나도 모르는 사이 삶에 부정적으로 투영되는 생각은 삶을 좀먹고, 내가 가고자 하는 목표로부터 멀어지게 만든다. 그래서 성공하기 위해서는 부정적인 잠재의식을 긍정적으로 변화시켜야 하는 것이다.

당신이 그토록 바라는 지향점에 도달하고 싶다면, 믿고 싶은 것을 믿어야 한다. 100일 동안 긍정적이고도 미래지향적인 모든 것에 집중한다면 충분히 삶을 변화시킬 수 있다. 한 달간 떠오르는 60만 개의 생각을 통제할 수 있기 때문이다. 긍정적인 생각을 통해 삶의 변화를 도모하는 일, 이것이 생각 파워의 힘인 웰씽킹이다.

그러므로 믿음과 확신으로 무장하라. 당신이 믿고자 하는 것을 믿고 100일간 훈련하다 보면 놀라운 일이 생긴다. 알 수 없는 원인 때문에 그토록 밀어내고 믿지 못했던 나 자신을 신뢰하는 마음이 솟아나기 시작한다. 그러다 보면 목표를 달성할 수 있다는 확신이 점점 더 강해질 것이다.

처음엔 생각만으로 삶의 변화를 일으킬 수 있을지 의문이 들 수 있다. 하지만 매일 조금씩 성장에 성장을 거듭하면 100일 뒤, 그 어떤 것에도 흔들리지 않는 뿌리가 삶에 정착할 것이다. 지금 힘들고 어렵다고 낙심하거나 우울해하지 않아도 된다. 웰씽킹이 얼마나 강한지 깨닫고 실천한다면 충분히 이겨낼 수 있다.

내가 만난 부자들은
확언의 대가였다

인생에는 다소 짓궂은 구석이 있다. 그래서 웬만한 노력과 헌신으로는 쉽게 꿈을 내주지 않는다. 숨이 곧 넘어갈 것 같아도 이가 없으면 잇몸으로, 다리가 없으면 기어서라도 목표에 도달하려는 자에게 기꺼이 꿈을 내준다. 산다는 것, 무엇보다 불가능에 도전한다는 것은 이런 인생의 짓궂은 장난을 이겨내는 일이다.

작은 자갈 하나 없이 탄탄대로인 삶은 없다. 생각지도 못한 불행이 잇달아 일어나기도 하고, 뜻밖의 구설에 올라 지난 삶을 부정당하기도 한다. 처음 한두 번은 별스럽지 않게 이겨내도 이런 나쁜 상황에 계속 휘둘리면 의지마저 잃게 된다.

그럴수록 우리는 더욱 삶에 애착을 가져야 한다. 나에게 주어진 운명을 겸허하게 수용하며 다음 걸음을 준비해야 한다. 살아내겠다는 의지, 이 강렬하고 뜨거운 의지를 가진 사람에게는 놀라운 힘이 있다. 짧은 생이지만 그간 내가 살 아온 삶을 반추할 때 이는 자명한 사실이다.

나는 센강에서 이미 한번 죽었다. 도저히 나아지지 않을 것 같았고 나를 다시 일으켜 세워줄 사람도 없었다. 한 번 뿐인 인생 떵떵거리며 살아보겠다고 노력한 지난날이 송두 리째 부정당하는 느낌이었다. 왜 하필 나에게 이런 시련이 일어난 건지, 많고 많은 사람 중에 왜 하필 나인 건지 너무 분했다. 그렇게 스스로 옥죄기를 2년, 이제는 정말 끝이라 는 생각이 들던 순간 단 한 가지 계기로 내 인생은 완전히 달라졌다.

'나를 위한 삶이 아닌
누군가를 위한 삶을 살자.'

생각을 바꿨을 뿐인데 마치 새로 태어난 것 같은 기분이 들었다. 더 이상 부정적인 것들이 나를 구속할 수 없었고, 오히려 내가 그것들을 묶어 속박했다. 갓난아기가 자신의 탄생을 알리며 세상에 포효하듯이 나는 세상을 향해 확언하기 시작했다.

'할 수 있다, 할 수 있다,
나는 뭐든지 할 수 있다!'

그러자 온 우주와 주변의 좋은 에너지가 나에게 몰려들었다. 온 마음을 다해서 확언하자 생동감 넘치는 강한 에너지가 내 안을 가득 채웠다. 더 이상 꿈을 이룰 수 있을지 없을지 판단하지 않았다. 그저 할 수 있다는 강한 믿음으로 확언했다. 이는 소설에서나 볼 수 있는 황당무계한 이야기가 아니다. 죽음의 문턱에서 다시 일어선 나의 경험이자 마트 한구석에서 시작한 켈리델리를 세계적인 기업으로 성장시킨 비결이다.

내가 만난 부자들은 확언의 대가였다. 그들은 자신의 신념과 목표를 실현시키기 위한 도구로 확언을 활용했다. 장기간 성공을 이뤄낸 부자들은 운동, 명상(시각화, 하루 계획), 독서, 감사 일기(선언 및 확언) 중에서 한 가지 이상의 습관을 갖고 있었다. 톰 콜리는 저서 『습관이 답이다』에서 자수성가한 부자 중 50% 이상이 하루 업무를 시작하기 3시간 전에 일어나 한 가지의 자기계발을 실천한다고 강조했다. 이 말은 자신의 라이프스타일이 아침형이든 저녁형이든 상관없이 얼리버드Early-bird 습관으로 성공을 불러온다는 의미다.

얼리버드 습관은 '일찍 일어나는 새가 벌레를 잡는다'는 속담에서 유래된 말이지만 단순히 부지런하라는 뜻은 아니다. 그 속뜻은 하루를 시작하기 전에 자기계발을 하는 걸 의미한다. 아침에 일찍 일어나는 것이 중요한 게 아니라, 하루를 시작하기 전 자신만의 자기계발을 실천해야 성장한다는 것이다.

사람은 자신에게 주어진 환경이 쉽게 변하지 않는다는 걸 잘 알면서도 내심 쉽게 변하기를 바란다. 그러나 외부적인 요인으로 스스로의 상황이나 사건이 변하길 기대하는 건 아무런 노력 없이 요행을 바라는 것과 같다. 기다리는 것만으로는 당신이 원하는 삶을 절대 이룰 수 없다. 능동적인 삶의 자세로 목표를 진취해야 한다. 그러니 당신의 환경을 바꿀 수 없다면, 당신의 내면을 바꿔 환경을 바라보는 관점을 전환시켜라.

하루의 시작 전에 긍정 확언을 실천하면 외부의 영향으로부터 잘 휘둘리지 않는다. 내면을 긍정적인 상태로 만든 다음 하루를 시작하면, 일의 모든 과정이 순조롭게 느껴지기 때문이다. 무엇보다 어려움이 닥치더라도 성장을 위한 과정으로 생각하며 당연하게 받아들이게 되는데, 이것이 정말 중요한 지점이다. 같은 물이라도 소가 마시면 우유가 되고 뱀이 마시면 독이 되듯이, 같은 어려움을 어떤 자세로 수용하느냐에 따라 그 결과는 달라진다. '어려움을 당연하게 여기는 것', 이것이 바로 아침 긍정 확언의 힘이다.

웰씽킹에서 확언은 끌어당김의 정수다. 아침에 긍정 확언을 하는 것만으로도 잠재의식과 신념에 엄청난 변화가 생긴다. 중요한 것은 마음가짐이다. 확언할 때마다 문장대로 이루어진다는 믿음을 가지고 그대로 상상하면서 온몸으로 느껴야 한다. 당신의 잠재의식 속에 깊숙이 스며들도록 몰입 상태를 유지해야 한다. 웰씽킹의 중추인 시각화의 본질은 이 확언에서부터 시작된다.

글의 끝머리에 부를 창조하는 삶을 위한 스물한 가지의 긍정 확언을 정리했다. 일단은 100일을 목표로 시작하라. 매일 아침, 하루를 시작하기 전에 각각의 확언을 두 번씩 반복하다 보면 당신조차도 몰랐던 내면의 세계와 마주하게 될 것이다. 아침 긍정 확언을 시작하기 전과 후를 비교하고 싶다면 확언 후에 느끼는 바를 글로 남겨도 좋다. 100일 후에 당신의 가슴에 울림을 주는 메시지가 남았다면 그대로 사용해도 좋고, 새로 추가하거나 덜어내도 좋다. 당신이 원하는 미래의 모습을 확언으로 집고 더하면서 발전시키는 것도 중요하다.

당신의 인생 중에 부자가 될 수 있었던 순간은 반드시 있었다. 다만, 그게 기회인지 몰랐기 때문에 그냥 지나쳤을 것이다. 어쩌면 지금 이 순간 역시 당신이 부자가 될 또 한 번의 기회일지도 모른다. 그렇다. 부를 끌어당기는 자, 웰씽커Wealthinker가 될 수 있는 순간인 것이다. 긍정 확언은 당신의 삶을 균형 있고 건강하게 할 것이다. 잠재의식 속에 확언이 강하게 스며들수록 부자가 되는 건 시간문제다.

이제 확언의 힘을 깨달았으니 당신은 부자로 살 수 있는 새로운 삶을 시작한 것이다. 부를 이루는 데 가장 큰 장애물은 당신의 의지다. 잠재의식 속의 부정적인 심상을 믿고 따른다면 당신의 결말은 빈자에 가까울 것이다. 그러나 당신 자신을 믿고 확언을 시작한다면 잠재의식 또한 긍정적인 효과를 발휘할 것이다.

당신의 뜨거운 확언을
강한 의지로 밀고 나가라.

아침 긍정 확언

1. 오늘도 즐겁고 기대되는 하루가 시작되었다.

2. 나는 오늘도 내가 원하는 모든 선한 일을 이룰 것이다.

3. 나는 성장하고 있다.

4. 내 인생은 더 좋은 방향으로 흐르고 있다.

5. 나는 용기 있다.

6. 나는 부자다.

7. 나는 행복한 사람이다.

8. 나는 긍정의 왕이다.

9. 나에게는 모든 문제의 답을 찾을 수 있는 지혜가 있다.

10. 나는 내 꿈에 조금 더 가까이 다가가고 있다.

11. 나는 행동하는 사람이다.

12. 나는 한번 한다면 하는 사람이다.

13. 나는 지금 내게 주어진 것만으로도
    내 인생을 최고로 만들 수 있는 지혜가 있다.

14. 나는 내 인생을 즐기고 있다.

15. 나는 끌어당김의 법칙을 잘 알고 실행하고 있다.

16. 나는 내가 원하는 것을 끌어당길 것이다.

17. 나는 나를 있는 그대로 사랑한다.

18. 나는 나의 하루를 좋은 습관으로 채우고 있다.

19. 나는 내 꿈을 이루기에 충분한 자질을 갖추고 있으며,
    충분히 똑똑하고, 충분히 건강하고, 충분히 용기 있다.

20. 모든 것에 감사합니다.

21. 모든 것이 고맙습니다.

그러니 선언하고
또 선언하라

2020년, 미 서부의 캘리포니아주에 있는 도미니칸대학교에서 흥미로운 연구 결과를 발표했다. 글로 쓴 목표가 얼마나 중요한지에 대한 내용이었다. 원래는 동기부여 관련 강연과 도서에 많이 통용되는 이야기를 검증하기 위한 연구였으나 더 유의미한 결과를 도출했다. 연구진은 글로 쓴 목표의 성취 수준을 연구하기에 앞서, 실험에 참가한 149명을 5개의 그룹에 무작위로 배정하고 4주간 프로젝트를 진행했다. 5개 그룹의 특징은 아래와 같다.

첫째, 목표를 글로 쓰지 않은 그룹

둘째, 목표를 글로 쓴 그룹

셋째, 목표를 글로 쓰고 선언한 그룹

넷째, 목표를 글로 쓰고 지인에게 선언한 그룹

다섯째, 목표를 글로 쓴 후 지인에게 선언하고

　　　전 과정을 공유한 그룹

결과는 어떻게 나타났을까? 목표를 글로 쓰지 않은 그룹보다 글로 쓴 4개 그룹의 평균 성취 점수가 월등히 높았다. 무엇보다 단순히 목표를 쓰는 데서 그치지 않고 지인에게 선언하고 진행 과정을 공유한 다섯째 그룹이 가장 높은 성취 점수를 보였고, 첫째 그룹은 당연히 가장 낮은 점수를 받았다. 연구진은 글과 목표의 상관관계를 인정한 뒤, 글로 쓴 목표가 글로 쓰지 않은 목표보다 성취에 더 효과가 있다고 결론지었다.

　나는 목표 달성 과정에서 쓰기의 중요성을 매우 강조한다. 목표를 글로 쓰지 않고 무작정 노력하는 일은 마치 배를 이끌고 바다로 나아가야 할 선장이 아무런 계획도 없이 출항하는 것과 같다. 그런 선장이 과연 목적지에 잘 도착할 수 있으리라 생각하는가? 단언컨대, 아슬아슬한 항해가 될 것이다.

목표를 글로 쓰는 일은 삶의 이정표를 세우는 일이다. 짧은 거리의 지역을 오갈 때도 내비게이션을 켜서 방향을 잡는데, 어떻게 쓰지 않고서 목표를 향해 가려고 하는가? 위 연구 결과를 통해 보았듯이 목표를 글로 쓴다는 건 정말 중요한 의식이자 반드시 치러야 하는 통과의례다.

'그런데, 어떻게 써요?'

웰씽킹 강연에서 글쓰기를 강조하다 보면 쓰는 것 자체에 부담을 느끼는 사람들을 많이 본다. 물론 나 역시 어려움을 겪었기 때문에 크게 공감한다. 글 쓰는 일에 직접 연관되어 있지 않으면, 평생 동안 글을 쓸 일이 별로 없으니 말이다. 하지만 웰씽킹의 전반적인 의미와 비법을 알게 된 당신이 못 할 것은 더 이상 없다. 글을 쓰는 일도 일종의 근육 단련이다. 쓰면 쓸수록 글 쓰는 근육이 붙어 부담을 덜게 된다. 고로 뭐라도 일단 써야만 한다.

프리라이팅 Free-writing은 글씨나 맞춤법을 신경 쓰지 않고 써 내려가는 글쓰기 방법이다. 이는 브레인스토밍과 맥락이 비슷하다. 형식에 얽매이지 않고, 머릿속에서 흘러나오는 생각과 감정을 있는 그대로 종이에 적는 것이다. 처음에는 멈추지 않고 10~15분 정도 자신의 생각과 느낌을 글로 옮겨라. 멈추지 않고 쭉 써나가는 게 중요하다.

처음에는 논리적 구성도 맞지 않고, 글도 이상하게 보일 것이다. 그러나 이는 그저 생각의 건더기일 뿐이다. 건더기에 너무 집중하지 말고 마음에서 일어나는 모든 걸 토해내라. 계속 쓰다 보면 당신을 지탱하던 생각의 뿌리들이 나오게 된다.

이 방법은 작가들이 심리적 요인으로 글이 안 써질 때 이를 극복하려고 자주 사용하는 방법이다. 프리라이팅의 장점은 작문에 대한 부담을 낮추는 동시에 실력은 향상시키면서 잠재의식을 활성화하는 데 있다. 잠재의식을 활성화하는 일은 더 많은 가능성을 얻는 일이다. 이는 부와 직결되기 때문에, 글을 쓰는 것은 정말 중요하다.

글로 쓴 목표는 다시 읽고 정리하는 과정에서 당신이 직면한 장애물을 인식하도록 돕는다. 이것들을 알아차려야 시각화로 수행하는 과정을 통해 마음을 정화시키고 감정을 다스릴 수 있게 된다. 마치 명상하는 것과 같은 효과를 얻을 수 있는 것이다. 그러니 시각화와 확언처럼, 글쓰기도 매일 실천하는 게 좋다.

글로 마음을 다잡았다면 이제 비전보드를 만들 차례다. 비전보드는 글과 이미지, 사진 등을 엮어서 꿈과 목표를 이룰 수 있도록 도와주는 도구다. 비전보드가 중요한 이유는 머리와 가슴속에만 있는 목표들을 구체화할 수 있기 때문이다. 우리의 잠재의식 속에 다양한 방식으로 상존하는 욕구와 가치, 목표를 구분하려면 글쓰기와 비전보드라는 도구가 필요하다.

비전보드를 만드는 방법은 다양하다. 다만, 당신은 웰씽킹을 통해 진정한 부자가 되는 방법을 알게 되었으므로, 그에 맞는 비전과 구체적인 소망을 기입하는 게 좋다. 비전보드는 이정표를 시각화한 것이라고 보면 된다. 그래서 그래프, 사진, 신문, 롤모델 엽서, 스티커 등 다양한 요소로 구성하면 더 좋다. 비전보드가 완성되면 당신의 생활 동선을 면밀히 파악한 후, 자주 볼 수밖에 없는 위치에 놓아라. 그래야 더 효과적이다. 일상생활 중에도 계속 확인함으로써 당신의 잠재의식 깊은 곳에 목표를 집어넣는 것이다.

다시 도미니칸대학교의 글로 쓴 목표에 대한 연구 결과를 떠올리자. 연구를 위해 5개의 그룹으로 나눈 기준에서 무언가 익숙한 단어를 보지 않았는가? 당신이 단번에 찾아냈다면 훌륭한 학생이고, 못 찾았다면 내가 부족한 스승이다.

그렇다. '선언'이다. 이미 앞부분에서 선언의 힘을 몇 차례 힘주어 말했다. 간혹 선언이 무슨 의미가 있는지 회의감을 드러내는 사람이 종종 있다. 내가 하고자 하는 걸 말하는 게 목표를 이루는 것과 무슨 관계가 있느냐는 것이다. 그러나 이는 선언의 진정한 의미를 모르기 때문에 하는 말이다.

'선언하다'는 영어로 'Declare'라고 쓴다. Declare는 강조를 뜻하는 접두사 'de-'와 '분명한', '맑은'을 의미하는 어원 'clar'가 결합하여 탄생한 단어다. 의미인즉슨 입장을 분명하게 밝힌다는 뜻이다. 그러니 선언은, 당면하고 있는 상황에 대해 확고히 고함으로써 모든 흐름을 내 것으로 만드는 일이다. 선언은 그 내용을 들어줄 청자가 필요하므로 그래서 관계지향적이기도 하다. 내적으로 다짐한 나의 분명한 입장을 외적으로 공표함으로써 힘을 발휘하기 때문이다.

글로 쓴 목표의 달성 효과 연구에서 목표를 글로 썼을 뿐만 아니라 지인에게 선언하고 과정을 공유한 그룹의 성취 점수가 높았던 게 바로 이런 이유다. 지인에게 선언함으로써 목표를 위한 다음 행동을 할 수밖에 없도록 상황을 조성한 것이다. 무엇보다 선언을 듣고 목표 달성 과정을 공유받은 지인은 선언자의 증인이 됨으로써 한배를 탄 운명 공동체가 되었다. 이처럼 자신의 목표를 선언한다는 것은 흩어져 있던 우주의 모든 기운을 내게 집중시키는 일이다. 이런데 어찌 실패할 수 있겠는가. 그러니 선언하고 또 선언하라.

당신의 비전보드가
그대로 이뤄질 수 있도록
계속 선언하라.

부모로서
떳떳한 마음을 갖고 싶은가

　세계 여행을 하고 있을 때의 일이다. 프랑스에서 만난 한 노부인에게 인생에서 후회되는 일이 있냐고 물었다. 노부인은 손을 턱에 대고 곰곰이 생각하더니 딱 한 가지 후회되는 것이 있다고 말했다. 나는 그 노부인이 돈을 많이 벌지 못했다거나 다른 사람에게 너무 맞추느라 애썼다는 등 자기 자신에 대한 연민을 말할 것이라고 짐작했다. 그러나 그녀는 이렇게 말했다.

"두 아들에게

공부하라며 매일 싸웠던 것,

그게 그렇게 후회됩니다."

학교 공부를 너무나도 싫어했던 두 아들은 노부인의 마음을 늘 전전긍긍하게 만들었다. 사회에 나가기도 전에 공부 못하는 아이로 낙인찍혀 낙오자가 될까 걱정한 것이다. 그녀의 걱정은 분명 자식을 사랑하는 부모의 마음에서 비롯된 것이었지만, 자식들에게는 잔소리일 뿐이었다. 그래서 자녀들이 고등학교를 졸업할 때까지 매일 고성이 오갔다고 했다.

노부인은 만약 그 시절로 다시 돌아간다면, 아이들에게 공부를 강요하지 않겠다고 덧붙였다. 그리고 진정으로 좋아하는 일을 하도록 돕고 응원하면서 아들들과 행복하게 살 것이라고 말하며 미소를 지었다. 나는 예상 밖의 대답을 듣고 가슴이 먹먹해졌다.

자식 사랑만큼은 둘째가라면 서러운 우리나라 부모들. 전 세계를 다녀봤지만 우리나라처럼 자식을 애지중지하는 나라도 없었다. 그러나 자식을 키운다는 게 어디 마음처럼 쉬운 일이던가. 아무리 최선을 다해도 부모도 부모가 처음이기에 자식을 대하는 일이 어려울 때가 많다. 이런 마음을 자식들이 알아주면 참 좋으련만, 오히려 부모와 자식의 간극은 더 멀어지기 일쑤다.

자녀들이 부모에게 가장 듣고 싶어 하는 말이 무엇일까? 어떤 글을 보니 자녀들이 듣고 싶은 말은 사랑한다, 괜찮다, 수고했다, 잘했어, 고맙다 등의 따뜻한 말이었다. 반대로 가장 듣기 싫은 말은 공부해라, 누구 반만 닮아라, 넌 왜 그렇게 생각이 없니, 넌 누굴 닮아서 그 모양이니 등의 차가운 말이었다. 이외에도 다양한 예가 있겠지만, 자녀들이 부모에게 듣고 싶은 말은 사랑과 긍정의 말이라는 것을 쉽게 알 수 있었다.

한번은 요트 여행 중에 초등학생, 중학생, 고등학생 3명의 아들들을 데리고 1년간 세계 여행을 하던 독일인 가족을 만났다. 나는 자녀 교육에 대한 정보를 공유하고 아이디어를 얻고자 대화를 시작했다. 그들은 우리 딸아이처럼 항해를 하지 않는 오전에는 매일 홈스쿨링을 했다. 처음 몇 개월은 학교 진도에 맞춰 아이들이 공부를 잘 했다고 했다. 하지만 시간이 흐를수록 공부를 뒷전으로 여겨 공부하라는 말을 그만두었다고 했다. 나는 독일 부부의 행동을 도무지 이해할 수 없어 이유를 캐물었다.

"아이들은 자기 행동에 따른
책임을 배워야 합니다."

이 대답을 듣고 나는 자녀 교육의 새로운 장을 보게 된 것만 같았다. 한없이 보살펴주고 하나부터 열까지 모든 걸 챙겨줘야 할 아이들에게 책임을 운운한다는 게 정말 충격이었지만 뒤이은 이야기에 무릎을 칠 수밖에 없었다.

독일 부부의 생각은 이랬다. 만약 공부를 게을리해서 학교에 돌아갔을 때 유급하게 되면 아이들이 깨달음을 얻을 수 있다는 것이었다. 아이들이 좋아하는 친구들과 함께하지 못하거나 정상적으로 도달해야 할 커리큘럼을 배우지 못한다면, 이를 통해 책임을 배울 절호의 기회라고 말했다. 나는 두 부부의 교육철학에 깊은 감명을 받았다.

사실 나는 이제 막 학교에 들어가야 할 딸과 함께하는 세계 여행을 결심하는 과정에서 많은 고민을 했다. 하지만 나는 딸아이가 단순히 공부를 잘하는 삶이 아니라 살아갈 힘을 스스로 찾는 삶을 살게 해주고 싶었다. 하고 싶은 것을 해보고 보고 싶은 것을 보면서, 실패 속에서 답을 찾고 시행착오를 통해 방법을 찾는 생각 파워를 갖길 바랐다.

어린 시절의 나 역시 그랬다. 학교에서는 거의 눈에 띄지 않는 아이였다. 지금의 내 모습과는 너무나도 달랐다. 그렇다고 공부를 잘하거나 무언가 특출난 재능이 있었던 것도 아니었다. 그저 늘 잘할 거라고 응원하던 우리 엄마가 있어 용기를 갖고 살았을 뿐이다. 그게 전부였다.

가만히 생각해보면, 위대한 성공을 이룬 사람들의 과거는 대부분 실패에 가까웠다. 그러나 그들은 모험심이 강하고 문제를 해결하려 노력하며 스스로 일어설 수 있는 사람들이었다. 독일 부부의 말처럼 자기 인생을 책임질 줄 아는 힘이 있었다. 부모가 자녀에게 떳떳하려면, 많은 경험을 통해 혼자 할 수 있는 힘을 키워줘야 한다. 하고 싶은 게 있으면 그쪽으로 나아갈 수 있도록 길을 열어주고, 돌아오면 다시 받아줘서 충전할 수 있도록 도와야 한다. 인생은 폭풍

속에서도 춤을 출 수 있는 법을 배우는 것이라는 말도 있지 않은가. 그래서 나는 어떤 어려움에도 굴복하지 않을 태도를 심어주는 게 부모의 역할이라고 본다.

무엇보다 웰씽킹의 핵심인 잠재의식의 힘과 시각화의 중요성을 알게 된 부모라면, 부정의 알고리즘을 특히 경계해야 한다. 부정적인 이미지는 강력해서 삶의 매 순간마다 사람을 괴롭힌다. 하나의 부정적인 생각은 다른 부정적인 생각으로 이어지면서 인생을 옥죈다. 나는 사실 게으르지 않았지만, 어릴 적 아버지의 게으르다는 말로 인해 도전하지 않고 오랫동안 삶을 소모했던 것처럼 말이다.

내가 프랑스에서 만난 노부인이 그랬던 것처럼, 아이에게 부정적인 메시지를 심으면 반드시 후회할 날이 온다. 아이는 부모의 거울이다. 부모가 투영한 그대로의 심상을 표출한다. 그만큼 부모의 양육 태도에 의해 아이의 많은 부분이 결정된다. 그러므로 아이에게 부정적인 말은 절대로 삼가고 사랑과 긍정의 말을 듬뿍 해주길 바란다.

아이가 자립하길 원하는가? 부모로서 떳떳한 마음을 갖고 싶은가? 그렇다면 아이에게 웰씽킹의 힘을 심어줄 몇

가지 방법을 소개하겠다.

아침 확언을 한다

눈을 뜨면 침대에서 아침 확언하는 습관을 만들어줘라. 긍정적인 메시지로 잠재의식을 채우면 아이의 삶이 달라진다. 내 유튜브 채널에 업로드한 〈아이를 위한 아침 확언〉은 아침 확언을 아이들이 볼 수 있도록 만든 것이다. 아이들의 아침 확언은 매일 할 수 있도록 너무 길지 않아야 한다. 이 확언을 매일매일 읽게 하거나 읽어준다면 효과적이다. 다음 장에 아이를 위한 아침 확언과 우리 딸아이와 함께 낭독한 아침 확언 QR코드를 첨부했으니 참고하길 바란다.

잠자리를 스스로 정리한다

자립심 있는 아이로 키우고 싶다면 잠자리를 스스로 정리하게 하라. 이 짧은 의식으로 아이는 성취감을 느낄 수 있기 때문에 하루를 기분 좋게 시작할 수 있다. 단, 아이에게 너무 완벽을 요구해서는 안 된다. 흐트러진 침구를 바르게 한다거나 원래 있었던 자리에 놓는 행위 그 자체를 칭찬하라. 그러면 정리 정돈 수준이 점점 더 나아질 것이다.

이상적인 하루를 시각화한다

아이에게 눈을 감고, 오늘 하루를 어떻게 보내면 행복할 것 같은지 스스로 상상해보게 하라. 자신의 하루에 기대를 갖는 아이와 그렇지 않은 아이의 삶은 달라질 수밖에 없다. 아이에게 따뜻하고 포용적인 메시지를 전해주면서 긍정의 알고리즘이 형성되도록 도와야 한다.

성장을 위한 행동 한 가지를 한다

아이와 함께 성장하기 위해서 해야 할 행동 하나를 정한다. 그리고 그것을 해내자. 다양한 것을 할 수 있겠지만, 아이가 스스로 결정할 수 있도록 기다려주는 게 중요하다. 아이에게 너무 악영향을 끼치거나 도를 넘어서는 행동만 아니라면 수용하고 지지한다. 내가 추천하는 것은 하루 10분간 독서나 영어 공부, 운동 등을 하는 것이다. 이왕이면 부모와 자녀가 함께할 수 있는 일을 권하고 싶다. 자녀와 함께 성장하는 것은 가정에서 중요한 가치이기 때문이다.

아침 확언과 잠자리 정리 그리고 시각화를 각각 3분, 5분, 5분에 걸쳐 진행하면 좋다. 시간을 너무 짧게 진행하면 아이가 상투적인 일로 치부할 수 있으니, 정확한 시간을 지킬 수 있도록 타이머를 사용해도 좋다.

처음 할 때는 아이들에게 알아서 하라고 시키는 것보다 100일 동안 습관이 될 때까지 엄마와 아빠가 함께하는 게 중요하다. 습관의 중요성을 익히 알고 있겠지만, 100일이 되면 아이가 스스로 할 수 있을 것이다.

중요한 건 이 활동을 재미있게 하는 것이다. 목소리와 표정에 집중하여 한 옥타브 높은 목소리를 내고, 맑고 깨끗하고 재밌어 죽겠다는 밝은 표정을 지으면 좋다. 물론 아이들이 깨어나기 전에 부모도 벌써 이 세 가지를 마친 상태여야 한다. 아이들 앞에서 부모의 확언을 공유하는 것도 좋다.

아이를 위한 아침 확언

1. 오늘도 즐겁고 기대되는 하루가 시작되었습니다.

2. 나는 나를 믿습니다.

3. 나는 건강하고 행복합니다.

4. 나는 배우는 것을 좋아합니다.

5. 나는 충분히 똑똑합니다.

6. 나는 멋진 아이디어와 좋은 생각으로 가득합니다.

7. 나는 내가 원하는 것을 창조할 수 있는 힘이 있습니다.

8. 나는 재미있고 창의적입니다.

9. 나는 독특하고 특별합니다.

10. 나는 내 미래가 자랑스럽습니다.

11. 내 인생은 재미있고 기쁨으로 가득합니다.

12. 나는 나다운 것을 자랑스럽게 생각합니다.

13. 나는 안전하고 보호받고 사랑받고 있습니다.

14. 나는 새로운 친구를 사귀는 것을 좋아합니다.

15. 나는 내 인생에서 좋은 일이 일어날 자격이 있습니다.

 유튜브 KELLY CHOI
어린이를 위한 아침 확언

여성들을 위한
멘토가 되고 싶다

한창 세계적인 멘토들을 찾아 공부하고, 그 노하우를 내 것으로 만들기 위해 노력하던 때였다. 나는 아이를 낳고 큰 고민에 빠지게 되었다. 아이를 위해서 일을 그만두고 육아와 가정에 전념해야 할지에 대한 고민이었다. 이는 나뿐 아니라 아이를 키우는 모든 엄마라면 누구나 겪는 문제일 것이다.

그러나 대부분의 남자들이 쓴 성공학에서는 육아와 개인적인 성공을 함께 추구하는 방법을 찾아볼 수 없었다. 물론 일에 대해 여성만이 갖고 있는 고충에 대해 말해주는 멘토도 없었다. 확실한 점은 멋지게 리더 역할을 하며 성공한 사람들 뒤에는 엄청나게 희생한 어머니와 아내, 여성 동료 등 적어도 3명의 여성이 있었다는 사실이다.

남성 멘토들의 가르침은 정말 배울 점이 많았지만 육아를 도맡아야 하는 여성들의 롤모델로 삼기에는 어려운 점이 있었다. 마치 풀리지 않는 숙제를 두고 머리를 쥐어뜯는 어린아이 같은 심정이었다.

몇 년도 기사인지 정확히 기억은 못 하지만, 국내 매출액 대비 상위 500대 기업 가운데 여성 임원이 한 명도 없는 회사가 328곳, 65.6%나 된다는 기사를 봤다. 세 곳 중 두 곳은 여성이 올라갈 수 없는 유리천장이 존재하는 것이다.

이런 현실 속에서 남성 멘토들의 성공 도구를 여자들이 그대로 가져다 쓰기에는 어렵다고 판단했다. 집안일, 육아, 내조까지 다 하며 사회의 치열한 경쟁을 이겨낼 수 있을까? 정말 성공할 수 있을까?

당신이 여자라면
이 상황을 어떻게 생각하는가?

당신이 남자라면

이 상황을 뭐라고 표현하겠는가?

　나는 여성의 성공을 방해하는 가장 큰 요소를 여성 자신이라고 생각한다. 아주 많은 여성들이 가정과 직업 중에서 하나만 선택해야 한다고 생각한다. 사회적으로 성공한 여성들은 가정 또는 아이의 양육을 포기했다는 사례를 보며 학습된 것이다. 이런 선택은 반드시 후회를 불러일으킬 게 뻔하다.

　크게 성공한 사람들이 죽기 전에 후회하는 것이 있다면 '사랑하는 사람과 충분한 시간을 함께하지 못한 것'이라고 한다. 워런 버핏은 '성공이란 나이가 70이 넘어 내가 사랑받고 싶은 사람에게 사랑받는 것이다'라고 말했다. 나는 성공과 가정, 두 마리의 토끼를 다 잡고 싶었다. 어느 쪽이든 절대 포기할 수 없었다. 특히 양쪽 다 적당한 수준이 아니라 완벽한 수준으로 해내고 싶었다. 그때부터 나는 이에 적합한 여성 롤모델을 찾기 시작했다.

　내가 만났던 여성 멘토는 외국계 제약회사의 50대 전문

경영인이었다. 남편은 대학병원 교수에 두 아이까지 있어 그야말로 행복한 결혼생활 중인, 자칭 두 마리 토끼를 잡은 여성이었다. 하지만 두 아이가 어릴 때 남편으로부터 이혼하자는 청천벽력 같은 말을 듣게 되었다. 그때 그녀는 일이 너무 바빠 이른 새벽에 나갔다가 밤늦게 들어오는 게 일상이었다. 그래서 가정과 아이들을 돌보지 못하는 것에 불만을 가진 남편이 진지하게 이혼 얘기를 꺼낸 것이었다. 그녀는 깊은 고민 끝에 두 가지를 다 잡기 위한 결정을 내렸다.

앞으로 오후 6시에는 반드시 퇴근하겠다

그녀의 일과 대부분은 오후 6시까지 회사 업무를 보고, 저녁에는 영업을 위해 의사나 약사, 병원장들과 함께하는 식사와 술자리가 많았다. 하지만 더는 그렇게 할 수 없었기에 10년 넘게 성실하게 다닌 회사에 자신의 퇴근을 당당하게 요구했다. 그 후, 그녀는 저녁에 가족과 함께 식사했고, 아침 일찍 일어나 도시락을 준비하며 아이들의 성장 과정을 지켜봤다. 그녀는 내게 그날의 결심으로 아이들의 자존감이 높아졌고, 그 덕에 딸은 변호사가, 아들은 판사가 되었다고 말했다.

순리를 따르겠다

그녀가 나에게 말했던 여러 가지 조언 중에서도 이 말이 가장 가슴에 오래 남아 있다. 10년이 넘는 지금도 기억하고 있으니 영향을 크게 받았던 것 같다. 그녀는 내게 최선을 다하되 순리를 따를 것을 강조했다. 오로지 목표를 향해 전진하는 것 또는 가정만 돌보는 것이 건강한 삶이 아니듯, 그 안에서 상황과 관계를 슬기롭게 결정해야 한다는 뜻이었다.

나는 아등바등 살면서도 마음에 조바심이 날 때면 항상 이 말을 생각했다. '열심히 하는 건 하는 거고, 결과는 순리에 맡기겠다'라고. 더 이상 결과에 연연하지 않고 열심히 했더니 마음이 편해졌다.

많은 여성 롤모델의 스토리를 듣고 직접 만나 자문하면서 나에게도 한 가지 뜻이 생겼다. 바로 여성들을 위한 멘토가 되겠다는 것이다. 물론 이런 마음이 꼭 남성을 배제하고 오직 여성을 치켜세우겠다는 의도는 아니다. 현재 켈리스*에는 남성분들도 상당히 많고, 자신의 위치에서 선한 영

---

* 저자와 함께 선한 영향력을 펼치는 웰씽커들

향력을 펼치고 있다. 다만 그때 내가 생각했던 부분은, 사회의 구조적인 시스템이나 문화적인 특질 속에서 여성들의 상황을 잘 이해하는 멘토가 되고 싶다는 것이었다. 이런 뜻을 확고하게 정하자 여성의 성공을 위한 몇 가지 메시지를 정립할 수 있었다.

최고가 되겠다고 마음먹어라

가정에서도 그리고 직업적으로도 최고의 전문가가 되겠다는 상위의 목표를 두고 도전해야 한다. 모든 사람의 하루는 24시간이다. 시간을 더 투자하라는 말을 하는 것이 아니다. 양보다는 질이 중요하다는 뜻이다. 더 많은 시간 동안 직장에 머물지 못하더라도, 더 오랜 시간 아이들과 함께하지 못하더라도 내가 무언가를 하고 있을 때는 오직 그것에만 집중해서 질을 향상시켜야 한다.

간혹 두 가지를 모두 하기에는 시간이 부족하다는 고민을 많이 듣는다. 맞는 말이다. 시간을 양적으로 쓰면서 두 마리 토끼를 모두 잡는다는 건 어불성설이다. 그러나 시간을 질적으로 쓰면 그 과정과 결과는 반드시 달라진다. 집중과 몰입이 중요한 이유가 바로 여기에 있다.

내가 머물지 못하는 시간에 당당할 수 있어야 한다. 성과가 좋다면 당신의 퇴근을 가지고 누가 뭐라 할 수 있겠는가? 워라밸Work-Life Balance은 순전히 시간의 양을 기준으로 만들어진 말이다. 8시간 일하고, 8시간 나를 위해 시간을 쓴다는 생각을 하는 사람은 두 분야 모두에서 최고가 되기 어렵다. 항상 시간에 쫓기는 삶을 살게 된다. 그러므로 내게 주어진 시간에 질적으로 빠져들기 바란다.

주변의 협조를 받아야 한다

남편 혹은 함께 생활하는 가족을 내 편으로 끌어들여야 한다. 육아와 가사를 나누어서 할 수 있도록 서로 협력하는 게 문제 해결의 실마리다. 가장 가까운 가족이 도와주지 않으면 두 마리 토끼를 잡기란 여간 어려운 일이 아니다.

그렇다고 육아와 가사를 홍해 가르듯이 선뜻 절반으로 나누는 남편은 많지 않을 것이다. 끊임없이 남편을 설득하며 협조를 받아야 할지도 모른다. 남편의 이런 태도는 육아와 가사가 아내의 일이라는 믿음이 깔려 있어서 그렇다. 엄연히 자신의 일인데도 말이다.

사실, 이런 배경에는 남자들이 사냥을 하고 여자들이 가사와 육아를 담당했던 역사적으로 오래된 배경이 자리 잡고 있다. 하지만 시대의 발전에 따라 많은 것이 달라졌다. 건강한 가정과 행복한 삶을 위해서는 남편과 아내 모두 두 마리 토끼를 잡아야 한다. 남편을 설득하는 법을 계속해서 찾아내야 한다. 그리고 남편은 그런 아내를 진심으로 응원하고 든든한 지원군이 되어야 한다. 최고의 부부란 서로의 성장을 도모하는 이들이다.

또한 온갖 스트레스를 받으며 집안일에 치이지 말고 가사 도우미의 비용을 기꺼이 지불하라. 그 시간에 아이들을 위해서 꼭 해야 하는 것에 집중하고 부부가 같은 시간을 보내는 게 중요하다. 일주일에 한 번만이라도 가사 도우미의 도움을 받아 집 안 청소 서비스를 받는 것도 좋다. 그리고 주말에는 일주일 동안 먹을 식량을 준비해서 야채를 다듬거나 고기를 손질하여 요리하기 편하게 정리해 두면 일주일이 편하다.

전문가의 도움을 받아라

성공하고 싶다는 욕구는 기본적으로 모든 걸 잘하고 싶다는 걸 의미한다. 하지만 두 마리 토끼를 잡는 게 쉽지 않다는 걸 우리는 너무나 잘 알고 있지 않은가. 두 마리 토끼를 혼자서 잡겠다는 것은 두 마리를 모두 놓치겠다는 의미다.

영국에서 만났던 프랑스인 친구가 있었다. 그녀는 프랑스어를 가르치는 선생님이었는데, 한 가지 고민이 있었다. 아이의 양육과 일을 모두 잘하고 싶었던 것이다. 그래서 아이들을 전문기관에 맡겼으나 배보다 배꼽이 더 컸다. 아이들을 맡기는 비용이 수입보다 컸기 때문이다.

한국에서는 이런 상황에 당면하면 대부분 퇴사를 결정하는 경우가 많다. 하지만 이는 잘못된 선택이다. 아이들은 빠르게 성장한다. 몇 년 동안 아이를 돌봐주는 비용이 수입을 앞선다고 하더라도 이 기간은 그리 길지 않다. 일을 계속하면 성장하고, 승진하면 월급도 늘어난다. 반대로 5년에서 10년 경력이 단절된 여성은 실력이 줄어 업무 감각이 쇠퇴한다. 다시 취직하려고 해도 세상이 급변해서 원하는 일을 하기 힘들다.

프랑스인 친구는 아이를 전문가에게 맡기는 데 드는 비용이 수입보다 더 많이 들었지만 그녀는 자기가 좋아하는 일, 무엇보다 자기에게 생동감 넘치는 삶을 주는 일을 계속하고 싶었다. 그녀는 아이들에게 미안한 마음이 들지 않는다고 말했다. 오히려 전문가의 체계적인 커리큘럼 안에서 성장할 아이들이 기대된다고 했다. 그녀가 이렇게 말한 이유는 퇴근 후와 주말에는 온전히 아이들에게 집중하기 때문이었다.

아이들이 점점 커가면서 그녀의 손이 조금 덜 가기 시작했을 때, 그녀는 직장에서 더 큰 도전을 할 수 있었다. 부모도 성장하고 아이들도 성장한 것이다.

아이를 어린이집이나 유치원에 보내는 것을 죄스럽게 생각하는 부모들이 있다. 아이들을 전문가에게 맡겨라. 어린이집이나 유치원에는 당신보다 훨씬 더 아이 교육의 질을 높여줄 전문가들이 있다.

단, 아이를 맡길 곳을 선택할 때는 철저한 조사와 사전답사가 필수다. 선생님 한 명당 아이를 몇 명이나 보살피고 있는지, 선생님의 휴식 여건과 대우는 잘 보장되고 있는지 확인해야 한다. 아무리 겉이 화려하고 깔끔하더라도 직접 아이들을 교육하는 선생님들이 피곤하고 스트레스를 받고 있다면 문제가 생길 수밖에 없다. 당신이 아이를 양육할 때를 보라. 금쪽같은 내 자식에게도 목소리를 높이고 화를 내는 경우가 있지 않은가. 그래서 아이를 맡길 곳에 대한 면밀한 조사와 관심이 필요하다.

나를 승진시켜라

남성은 실제 실력보다 스스로를 높게 평가하고, 여성은 실제 실력보다 스스로를 낮게 평가하는 경향이 있다는 연구는 수도 없이 많다. 하지만 집과 직장에서 내가 받아야 할 대우를 받을 수 있도록, 여성들은 나 자신을 승진시켜야 한다. 스스로 인정하고 보상하며 좋은 대우를 하면 남들도 당신을 대우하게 되어 있다. 자기 자신을 사랑하는 사람은 그 기품이나 분위기가 뿜어 나오기 마련이다. 그러므로 당신에게 주어진 일을 잘 해내기 위해서는 절대 스스로 위축되거나 기가 죽어선 안 된다.

투자를 아끼지 마라

열심히 하는데 여전히 제자리인 사람들이 착각하는 부분이 있다. 바로 '열심'이 곧 '성장'이라고 생각한다는 점이다. 열심히 하는 것과 성장하는 것은 완전히 다른 차원의 이야기다. 열심히 한다고 성장하는 게 절대 아니다. 성장은 새로운 에너지를 주입해야 발현된다.

예를 들어 보자. 100개의 상품을 열심히 포장한다고 그것이 성장일까? 나는 아니라고 생각한다. 100개의 상품을 포장할 때 시간을 단축하거나, 단축해서 생긴 시간에 더 많은 상품을 포장해야 성장이라고 볼 수 있다. 직장과 가정에서 전문가가 되기 위해서는 이 핵심 메시지를 깊게 곱씹어야 한다.

직장에서의 일과 가정에서의 일을 단순히 하던 대로 한다면, 그냥 열심히 하는 것이다. 그렇기 때문에 반드시 트레이닝을 받아야 한다. 일을 더 잘할 수 있도록 직무에 관련된 교육과 상담, 컨퍼런스와 강연에 참석해 자기계발에 힘써야 한다. 집안일도 마찬가지다. 요새는 집안일을 효과적으로 할 수 있는 다양한 콘텐츠가 많다. 시간이 날 때마다 틈틈이 보면서 집안일을 효율적으로 해야 한다. 성장하지 않을 때 인간은 불안해지고, 그때부터 딴생각이 깃들기 시작한다는 걸 잊지 않았으면 좋겠다.

선한 의도로 받아들여라

업계에서 만년 2위였던 펩시코를 1위로 만든 장본인인

인드라 누이 CEO는 아버지에게 들은 최고의 조언을 삶의 지표로 삼았다. 그것은 "다른 사람들이 무엇을 말하거나 행동하더라도 선한 의도를 가정하라"는 말이었다. 아주 단순한 관점의 변화였지만, 그녀가 삶을 대하는 방식 자체를 바꿔놓을 정도로 큰 영향을 미쳤다. 상대방 언행에 담긴 진짜 메시지를 잡아낼 수 있었기 때문이었다.

웰씽킹을 통해 열심히 살기로 마음먹은 당신을 누군가는 질투하고 넘어뜨리려고 할 것이다. 여성의 사회생활에 많은 변화의 기류가 있었지만 아직 가야 할 길이 멀다. 그때마다 그들과 싸우지 말고 똑똑하게 대처해야 한다. 당신을 비난하거나 차별하는 사람과 공생하려는 자세로 유리한 결과를 이끌어내야 한다. 상대방의 언행을 일단 선한 의도로 받아들이면, 그 사람을 진심으로 이해하려는 마음이 생긴다. 그리고 이러한 태도는 상대방의 행동을 바꾸게 만든다. 직장에서나 집에서나 사랑하고 사랑받는 사람이 되도록 노력하라.

일시적인 수입 감소를 감안하라

여성이 삶의 새로운 여정을 시작하면 일시적인 지출이

필요하게 된다. 이 부분에 큰 부담을 느끼지 않았으면 한다. 특히 아이들이 어릴 때는 돈을 버는 것보다는 다양한 경험을 통해 본인 스스로를 자기계발하는 데에 집중하는 게 좋다.

많은 사람이 아이들을 전문가에게 맡기고서 자신에게 투자하는 걸 부담스러워하며 남는 돈이 별로 없으니 아이들이 어느 정도 성장하면 시작하겠다고 다짐한다. 하지만 이는 곧 경력 단절로 이어져 자신감을 상실하면서 나중에 시작하는 것조차 두려워하게 된다. 만약 당신이 두 마리 토끼를 모두 잡고 싶다면 자신에 대한 투자를 늘려야 한다. 이 기간의 지출은 투자라는 개념을 확실하게 가져야 두 마리 토끼를 잡을 수 있다.

인생의 수레바퀴를
균형 있게 디자인하라

불균형한 인생의 수레바퀴

웰씽킹의 정수가 시각화라면 그 실천의 결과는 균형 잡힌 삶이다. 나는 궁극적으로 웰씽킹을 통해 "균형 잡힌 삶이 성공하는 삶이며 행복한 인생이다"라는 명제를 우리 모두가 이뤄가야 한다고 생각한다. '성공한 인생은 행복한 인생이다'라는 명제를 참으로 만들기 위해서는 '인생의 수레바퀴'의 일부 영역에만 집중해서는 안 된다. 당신의 실제 삶이 제시된 수레바퀴처럼 울퉁불퉁하다면 잘 굴러가지 않

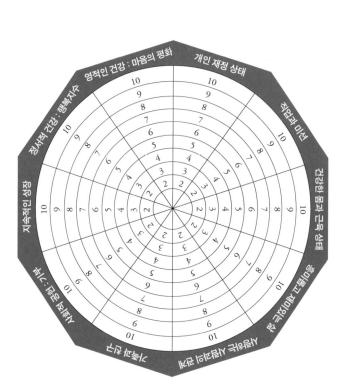

을 것이다. 이곳저곳 모난 곳이 많아 불협화음이 생기기 때문이다. 다른 모든 영역이 골고루 성장해야 건강한 삶을 영위할 수 있다.

인생의 수레바퀴란 라이프 코치들이 개인 코칭을 할 때 사용하는 도구다. 삶의 중요한 영역에 대한 전반적인 자기 만족도 조사를 위해 각 영역마다 1~10점까지(1점은 매우 불만족, 10점은 매우 만족) 스스로에게 점수를 매긴다. 이를 통해 각 역할에 대한 삶을 교정할 수 있다. 삶을 시각화한 바퀴의 모양을 보고 현재 삶의 균형을 정확히 평가할 수 있게 되는 것이다. 우선 아래의 빈 수레바퀴에 당신의 현재 삶을 평가해보라. 주의할 점은 남과 비교하지 말고, 오직 본인이 느끼는 만족도를 표기해야 한다.

인생의 수레바퀴 자가진단

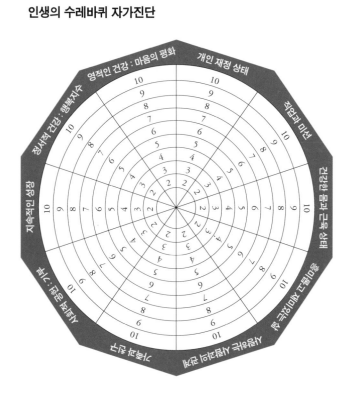

개인 재정 상태

당신의 재정 상태는 몇 점인가? 얼마나 만족하는가? 누군가는 1억 원만 있어도 10점 만점에 10점이라 하고, 어떤 사람은 30억 원이 있어도 가난하다고 생각한다. 우선 부에 대해 생각해볼 필요가 있다. 당신에게 진정한 부란 무엇인가?

인생의 수레바퀴 10가지 항목이 모두 8~10점을 이루었을 때 진정한 부자라고 말할 수 있다. 재정 상태만 높다고 부자가 아닌 이유는 앞에서 누누이 강조해왔다. 부자가 되어야 하는 이유는 행복하기 위해서다. 내게 상담을 요청하는 분들 중에는 "부자가 되기보다 행복한 것이 좋다" 또는 "부자는 불행할 것이다"라고 생각하는 분들도 있다. 부에 대해 거부반응을 보이는 것이다.

하지만 이렇게 생각하는 사람은 절대로 부자가 될 수 없다. 내가 만난 부자들은 모두 행복해 보였다. 그들은 건강하고 활기찼으며, 가족과 친하고 자유로웠다. 자유를 위해서 우리는 재정 상태를 좋게 만들어야 한다. 나는 돈 때문에 죽고 싶은 적도 있었지만, 어느 순간 부자의 비밀을 알게 되었다. 그래서 다음과 같은 목표를 정했다.

첫째, 나는 내가 원하는 모든 것을

　　　가질 수 있는 재정 상태를 만들겠다.

둘째, 내가 원하는 시간을

　　　살아갈 상태를 확보하겠다.

셋째, 내가 원하지 않는 일을

　　　거절할 수 있는 힘을 가지겠다.

나는 이런 목표를 정한 뒤 숫자로 구체화시켰고 5년도 안 되어 꿈을 이루었다. 지금의 나는 여러분의 상상 이상으로 내가 원하는 모든 걸 살 수 있는 상태가 되었다. 나에게는 원하는 곳에서 원하는 사람과 원하는 것을 할 수 있는 시간과 부가 있다. 물론 내가 원하지 않는 일을 거절할 수 있는 힘도 갖고 있다.

일단 당신도 부자란 어떤 것인지 적어보라. 그리고 눈을 감고 부자가 되었을 때를 매일 상상하라. 여기서 핵심은 당신의 목표를 숫자로 구체화해 잠재의식 속에 집어넣는 것이다. 예를 들어 당신이 원하는 집과 자동차, 가족을 위한 선물 그리고 생활비 모든 것을 통틀어 합한 값을 목표로 정하면 좋다. 잠재의식은 당신이 정한 목표 숫자를 더 잘 기억할 것이다.

직업과 미션

우리는 직업을 통해 꿈과 가까워진다. 더 나아가 직업으로 우리가 행하고자 하는 인생의 미션을 수행하게 된다. 좋은 직업이란 경제적 자립은 물론이고 명예롭고 사람을 살리는 일이자 지구와 자연을 보호하는 일이어야 한다. 나와 가정뿐만 아니라 사회적 기여를 할 때 비로소 사람은 자기 존재의 가치를 깨달을 수 있다.

대부분의 직업은 사람을 살리는 일이다. 건설 현장 인부는 집이나 학교를 지어 안전과 안정을 줌으로써 사람을 살린다. 식당 직원은 손님의 건강을 책임지며 사람을 살린다. 같은 일을 하더라도, 당신이 어떤 의미를 두고 일하는지에 따라 보람과 결과는 천지 차이다.

고로 지금 하고 있는 업에서 최고 위치까지 올라가라. 다른 누군가가 하는 일이라면 당신도 할 수 있다. 대부분의 업계에는 벌써 시행착오를 거친 후, 수정하고 또 도전해서 성공한 사람들이 있다. 그런데도 많은 도전자는 다시 시행착오를 겪으려고 하고 힘들게 혁신하려고 한다. 안 그래도 어려운 와중에 엄청난 에너지 소비와 비용, 시간을 낭비하는 것이다. 이는 완전히 잘못된 방법이다.

당신의 업종이 무엇이든 같은 업계의 최고를 본받아 그들이 시도한 방법을 일단 따라 해보라. 그리고 그들 수준에 도달하면 그때는 당신의 혁신적인 방법으로 그들보다 더 멀리 가면 된다. 최고가 된 사람만큼 노력하여 결국 최고의 자리에 올라서면, 그 외의 다른 일에서도 최고의 전략가가 될 확률이 크다. 일의 본질에 통달하여 성공의 원리를 꿰뚫어볼 수 있기 때문이다.

실패한 사람과 성공하는 사람의 차이는 1할이나 2할 그 어디쯤이다. 성공한 사람은 성공할 때까지 한다. 실패한 사람은 마지막 1할을 남겨두고 재능이 아니라며 돌아선다. 몇 년씩 쏟아온 것을 버리고 다시 처음부터 새롭게 시작하려고 한다. 그러지 말고 반드시 될 때까지 해보는 습관을 길러야 한다. 강한 자가 살아남는 게 아니라 살아남은 자가 강한 것이라는 말도 있지 않은가.

건강한 몸과 근육 상태

나는 몸 건강의 점수가 가장 낮았다. 하지만 살면서 처음으로 근육 있는 몸을 만들어 10점 만점에 10점을 주었다. 인생의 수레바퀴에 나오는 10가지가 모두 균형을 이루고 있을 때 우리는 행복하다고 느낀다. 그중에서도 가장 중요한 행복의 첫 번째 조건은 건강이다. 건강은 성공의 열쇠이기 때문이다.

건강한 몸이 없으면 나머지 9가지도 도미노처럼 무너져버리고 만다. 그렇기 때문에 나이가 40이 되고 50이 될수록 최우선 순위는 건강이 된다. 건강이 중요한 또 다른 이유는 몸 근육이 빠지면 생각 근육도 빠지기 때문이다. 나 같은 사업가들은 지속적으로 좋은 결정을 내리기 위해서라도 건강한 생각 근육과 마음 근육이 필요하다. 그래서 장기적으로 성공한 사업가들은 일주일에 세 번은 운동하는 습관을 갖고 있다.

성공하는 사람들은 에너지가 굉장하다. 내외적인 면이 강하고 힘이 넘친다. 이런 면모는 체력에서 나온다는 사실을 간과하면 안 된다. 무엇보다 체력을 기르는 데 시간을 투자해야 한다. 특히 배와 가슴에 근육이 있어야 새롭게 도전할 수 있는 자신감이 생긴다. 흔히 배짱 있는 사람에게 뱃심이 좋다고 말하는데 여기에도 그런 맥락이 있다. 뱃심이 있어야 소신 있게 밀고 나갈 수 있는 법이다.

당신도 꾸준한 건강관리에 힘쓰길 바란다. 갑자기 찾아온 기회에 "제가 하겠습니다"라고 당당히 말할 수 있고, 새로운 도전을 즐길 수 있는 사람이 돼라.

흥미롭고 재미있는 삶

재미와 흥분은 인생과 성공의 필수 요소나 마찬가지다. 무엇을 하든 당신이 신나고 재미있어하면 주변 사람들에게도 그 긍정의 에너지가 전달된다. 일상에서 재미와 흥을 찾아라. 그러면 그게 무슨 일이든 더 재미있게 할 수 있다.

"이 일은 무지 재미있겠는데! 그렇지?"
"우와! 오늘도 흥분되고 재밌겠다!"

흥분된 어조로 내가 자주 쓰는 말이다. 켈리델리의 가치 중 하나는 '재밌게 하자'이다. 우리 직원들은 어떻게 하면 자신의 일에 유머를 불어넣고 재밌게 할 수 있을지 고민한다.

설거지 하는데도, 우와! 재밌겠다!
청소를 하는데도, 우와! 신난다!
오늘은 어떤 방법으로 재밌게 해볼까?
음악을 틀어볼까?
한번 크게 웃고 시작할까?

이렇게 말하고 나면 일에 대한 부정적 장벽이 무너지며 진짜 그 일이 재미있게 느껴지기 시작한다. 그러면 우리 직원들에게도 고스란히 그 에너지가 전해진다. 우리 회사 직원들은 같은 일을 하더라도 작년과 다르게, 또 어제와 다르게 하는 방법을 찾고 적용한다. 그러면 좀 더 혁신적이고 재미있게 일할 수 있다. 업무의 자유도를 보장하여 자신의 선택에 따른 성공과 실패를 겪는 것도 중요하게 생각한다. 이는 직원들 간에 새로운 재미 요소를 만들어낸다.

일뿐만 아니라 가족들과도 재미있게 지내려고 노력한다. 특히 딸에게는 공부도 놀이처럼 할 수 있도록 내가 먼저 신나게 말을 건넨다.

"엄마, 이건 너무 어렵고 재미가 없어요."

"그럼 혹시 이것을 재밌게 할 방법이 있을까?"

"네, 있어요!"

이렇게 함께 재미를 찾을 수 있는 방법을 공유한다.

"우와! 좋은 생각이야, 한번 도전해볼까?"

"누가 구구단을 재미있게 외우나 시합해보자!"

"피아노를 열심히 치면 되게 멋지고 재밌겠다! 그치?"

그러면 딸아이도 "맞아요! 무지 멋질 거예요!"라고 웃으며 대답한다. 새로운 일도 재미있게, 이미 해본 일도 재미있게 하자는 다짐을 통해서 딸아이는 다양한 것들을 즐기면서 배우고 있다.

당신도 스스로의 인생에 약간의 흥을 더해서 즐겨보라. 처음엔 사람들이 이상한 눈초리로 볼 수도 있다. 하지만 일하는 것도 즐기고, 배우자와의 관계도 즐기고, 새롭게 배우는 것도 즐기다 보면 그 사람들에게도 뜨거운 에너지를 전달할 수 있다.

인간관계에서도 일에서도 무엇인가를 시작하기 전에 "우

와! 진짜 재밌겠는데!" 하고 흥분된 상태로 말한 뒤 시작해보라. 생각보다 어려운 일이 아니었다고 깨닫는 것은 물론 성과를 더 빨리 달성하고 더 많이 성취하게 될 것이다.

사랑하는 사람과의 관계

당신의 '관계' 점수는 몇 점인가? 당신이 생각하기에 주변 사람들, 특히 사랑하는 사람과의 관계가 4점 이하라면 본인이 원하는 좋은 관계를 이루는 데는 어떤 것이 필요하고 무엇이 불필요한지 생각해봐야 한다. 배우자나 자녀처럼 사랑하기 위해 내가 선택한 사람이 있고, 부모나 형제처럼 내가 선택하지 않은 사람도 있다. 이런 관계에 문제가 생기면 삶의 전체적인 밸런스가 쉽게 무너진다. 그렇기 때문에 나와 관계있는 모든 사람을 포용하고 사랑하는 마음을 꼭 가져야 한다.

이쯤에서 질문 하나를 하겠다. 퍼주면 퍼줄수록 더 늘어나는 것은 무엇일까? 맞다, 사랑이다. 관계에서 가장 중요한 핵심은 무조건적인 사랑을 실천해야 한다는 것이다. 사랑에는 이유가 없다. 그냥 죽도록 사랑할 뿐이다. 매일 아침에 눈을 뜨면 보이는 그 사람을 나보다 더 사랑해야 한다. 내가 선택한 관계가 최선이 되도록 그냥 뜨겁게 사랑해야 한다. 그것이 날 사랑하는 길이다.

많은 사람이 가까운 관계의 사람을 두고 옳고 그름을 가린다. 이는 잘못된 행동이다. 그 사람도 나도, 서로 완벽하지 않은 존재가 부족함을 채우기 위해 함께하는 것이다. 그러니 그가 혹은 그녀가 완벽하지 않은 것은 당연하다. 어떤 사람들은 스스로 선택한 그 이유 때문에 그 사람이 더 싫다고 말하는 경우도 있다. 가령 말을 잘하고 유머가 있어 선택했는데 이제 와서 말이 많아 싫다고 하는 경우다.

다른 사람의 의도를 좋은 쪽으로 받아들이고, 이해가 안 되는 부분은 그냥 존중해야 한다. 억지로 이해하려는 게 아니라 그냥 존중하는 것이다. 시간이 지나면 자연스레 이해하게 된다. 사람은 기본적으로 사랑의 존재이기 때문이다.

좋은 관계란 끊임없는 자기반성을 통해 완성된다. 타인에게 모든 문제를 찾는 사람은 건강한 인간관계를 맺을 수 없다. 그냥 무조건 사랑하라. 이상적인 관계에 대해 쓰고 생각해보면서 원만한 삶을 지속할 힘을 키워라. 혼자서는 절대 원하는 곳에 도달할 수 없으니까.

가족과 친구

한 가지 질문을 하겠다. 이쯤 되면 내가 얼마나 질문을 좋아하는 사람인지 당신도 알아차렸을 것이다.

1 더하기 1은 무엇이라 생각하는가? 물론 2는 아니다. '1+1=2'라는 걸 얘기하려고 당신의 귀한 시간을 뺏고 있는 게 아니다. 아무리 잘난 부자이고 밖에서 존경을 받는 사람이라 하더라도, 헌신하고 싶은 가족과 친구가 없다면 아무 의미가 없다.

나는 우리 엄마를 통해 두 번 태어났다. 한 번은 날 낳았고, 또 한 번은 내 영혼을 살렸다. 사업과 사회생활에 실패하고 내 영혼이 죽어갈 때, 센강 다리 위에서 떠오른 엄마 얼굴은 나를 다시 살게 했다. 나는 조건 없는 사랑, 아낌없는 사랑, 목숨만큼 소중한 사랑을 준 내 엄마와 내 가족을 위해 다시 태어났다.

한 번쯤은 삶을 살아가는 이유에 대해 깊게 고민해봤을 것이다. 명쾌하면서도 감탄할 만한 멋있는 답을 기대하지만, 실상 고민은 '잘 모르겠다'라는 말로 끝난다. 먹고살기도 바쁜 일상에 삶의 이유까지 대답하며 산다는 게 어쩌면 사치스럽게 느껴질지도 모르겠다. 그러나 인간이 사는 이유는 간단명료하다. 바로 생존하기 위해서다. 그것도 가족이나 친구와 함께 말이다. 그들은 이 세상에서 아무 이유 없이 나를 믿고 지지해줄 유일한 존재들이 아니던가.

그런 의미에서 나는 1 더하기 1을 가득 찬 숫자 100이라고 말한다. 나와 가족을 더하면 2도 아니고 3도 아니고 100이다. 인생의 수레바퀴에서 이 영역은 모든 영역에 강력한 영향을 끼치고 있다. 선인들이 깨달은 '가화만사성'이 현재에도 유효하다는 게 이 주장을 뒷받침하고 있다. 고로 가족과 친구와의 관계를 소중하게 생각해야 한다.

당신의 가족, 친구들과 함께 100이 돼라. 한 치의 모자람이 없는 100이 돼라. 희생 없이는 100이라는 가득 찬 상태를 절대 만들지 못한다. 지금 당장 가족과 친구들을 위해 할 수 있는 일과 버려야 할 습관은 무엇이 있는지 직접 쓰고 실천하라.

사회적 공헌: 기부

인생의 목표는 축적하고 쌓는 것이 아니다. 궁극적으로는 공헌하고 기여하는 것이다. 시시때때로 스스로에게 질문하라. 지금 내가 기여할 수 있는 것은 무엇인가? 지금 내가 공헌해야 할 것은 무엇인가? 타인을 위해서 나는 무엇을 할 수 있는가?

천 원은 우리에게 작은 돈이지만 의미 있는 일을 할 수 있다. 천 원으로 구충제를 구입해서 필리핀 어린이 한 명을 살릴 수 있다. 천 원으로 지구촌에서 굶고 있는 어린이 한 끼 식사를 책임질 수도 있다.

조금 더 금액을 높이면 엄청난 기적을 일으킬 수 있다. 10만 원이면 마다가스카르에 있는 학생이 1년 내내 학교에 갈 수 있게 도울 수 있다. 단돈 5만 원으로 우리나라 어린이 가장을 도울 수도 있다. 1억 원은 어떤 기적을 일으킬 수 있을까? 필리핀에 학교를 지어줄 수 있다.

당신의 재능과 부가 다른 사람의 인생을 변화시키는 힘이 될 수 있다. 당신의 1시간이 누군가에게는 잊지 못할 큰 도움이 되기도 한다. 사람은 천성적으로 선하다. 그래서 누구나 공헌하고 싶어 하지만, 대부분의 사람이 당장 실행하지 않는다. 성공하면 하겠다며 나중으로 미룬다. 나 또한 그랬다. 하지만 마흔이 되도록 기부할 수 있는 여건이 되지 않았고, 이대로는 영영 기부할 수 없다는 걸 직감으로 알았다.

그래서 성공한 인생이 아니라 행복한 인생을 살기로 마

음먹었다. 기부할 여건이 되든 안 되든 우선 수입의 일부를 떼어서 기부하기로 했다. 나와 남편은 회사를 차리자마자 기부를 시작했다. 그 일이 계기가 되어 '켈리델리 파운데이션'을 만들었고, 지금은 수많은 사람에게 힘이 되어주고 있다. 가족과 이웃과 지구촌을 살피며 내가 할 수 있는 일이 무엇인지 생각한 결과였다.

진정한 공헌은 지금 내가 할 수 있는 것부터 하는 것이다. 그래야 부의 기운이 샘솟는다. '나중'이라는 타이밍은 절대로 오지 않는다. 내가 준 것은 인간적인 아주 작은 마음이었는데, 수십, 수천 배가 되어 돌아왔다. 내 인생은 마음까지 가득 차 더 풍요로워졌다.

당신도 진정한 부를 이루기 위해 누구에게 당신의 재능과 부를 나눌 수 있을지 고민하고 실천하길 바란다. 기부는 잃는 일이 아니라 부의 길을 여는 일이다.

지속적인 성장

성장은 꿈이고 꿈은 행복이기에 성장은 곧 행복이다. 인간은 아무리 가난하고 힘든 상황이더라도 성장하고 있을 때 희망과 행복을 느낀다. 만약 꿈이 너무 멀게 느껴진다면 성장에 집중해야 한다. 전략적인 실천을 통해 성장에 집중 또 집중해야 한다. 행복의 지름길은 매일 성장하는 것이다. 아주 조금 성장한다 해도 괜찮다. 매일매일, 아주 약간이라도 나아가려는 거북이 파워가 성장의 핵심이다.

인간은 꿈을 완전히 이루었을 때보다 성장하고 있을 때 더 큰 만족과 행복을 느낀다. 아무리 성공한 인생이라도 지속적인 성장이 없다면 위축될 수밖에 없다.

정서적 건강: 행복지수

이 영역은 매일매일 건강한 정신으로 아침을 맞이하고 행복해지는 것을 뜻한다. 아침마다 오늘 하루를 가장 행복하게 살기로 결단하면서 행복지수를 높이는 게 중요하다. 정서적 건강에 대해 많은 사람이 외부적인 요인으로 행복해진다고 생각하는데, 그렇지 않다. 정서적 건강은 내부적인 요인으로 만들어진다.

먼저 부정적인 생각과 단어를 쓰지 않아야 한다. 나는 부정적인 생각을 하지 않는다. 부정적인 생각이 날 때마다 머리를 흔들어 밖으로 튀어나가게 한다. 머릿속을 긍정적인 생각으로 채워 넣어야 좋은 방향으로 갈 수 있다.

영적인 건강: 마음의 평화

영적인 건강을 위해서는 내면에 집중할 시간을 가져야한다. 종교적 신념에 관계없이 마음의 평화를 유지하려고집중하는 게 중요하다. 마음의 평화는 내가 사업을 성공하는 데 일조한 일등공신이었다. '내가 꼭 성공하고 말 거야'라고 생각하고 악착같이 일할 때는 성공이 저만치 물러서있었다. 그런데 내 일에 최선을 다하고 고요한 마음으로 결과보다 과정을 중요시했더니, 어느덧 성공은 내게로 다가와 있었다.

영적인 건강은 신체적, 심리적, 사회적 평가에 대해 균형잡힌 인식을 갖도록 도와준다. 그러므로 그 어떤 세상의소음에도 건강한 정신과 마음의 평화를 유지하고, 그 상태에서 외부의 자극에 동요되지 않도록 내 마음을 다스려야한다.

나는 영적인 건강을 지키기 위해 뉴스를 보지 않는다. 뉴스를 본다는 것은 중요한 일이지만 나는 나를 지키기 위해서 보지 않는다. 사업하는 사람이 어떻게 뉴스를 보지 않느냐고 타박할 수도 있다. 그러나 이것은 영적인 건강을 중요하게 생각하기 때문이다. 뉴스를 보면 대부분 테러와 코로나, 죽음과 자살, 종교의 타락 등 부정적인 잔상들이 기억으로 남는다.

이런 것들이 나의 정신세계를 혼란과 두려움에 빠뜨린다. 세상을 보는 통찰력과 세계의 흐름은 책으로 읽는다. 모든 책을 다 볼 수는 없지만 가고자 하는 분야에 깊게 파고들 수는 있다. 미래를 예측한 사람들의 책을 보기 때문에 부족함이 없을 뿐만 아니라 자기 분야의 최고들과 의견을 교류하며 미래를 읽기 때문에 불안한 마음을 쌓지 않을 수 있다.

예전에 나는 마음이 늘 불안했고 미래가 무서웠다. 아주 약간의 자극만 받아도 바르르 떨며 동요했다. 마음을 주체하지 못해 세상에 대고 고함을 지르고 싶었던 적도 많았다. 당시 내 마음은 세숫대야에 담긴 물 같았다. 그래서 자그마한 돌 하나만 떨어져도 심하게 요동치며 모든 물을 밖으로 쏟아냈다. 좋은 일이 있거나 칭찬이나 상을 받아도 마찬가지였다. 매번 감정을 주체하지 못해서 마음의 물이 넘치고 말았다.

그때 나는 마음의 평화를 위해 결단을 해야 한다고 생각했다. 일희일비해서는 절대 최고의 리더가 될 수 없다고 판단한 것이다. 그래서 외부가 아닌 나의 내면에 집중하는 습관을 가졌더니 마음이 호수처럼 잔잔해졌다. 세숫대야에 담긴 물에서 넓은 호수가 된 것이다. 지금은 아무리 돌을 퐁당퐁당 던져도 아주 잠깐 출렁일 뿐 바로 잠잠해진다. 물론 외부에서 큰 칭찬을 받을 때도, 큰 도전을 이루어냈을 때도, 상을 받거나 좋은 일이 생겼을 때도 동요 없이 마음을 잔잔하게 유지할 수 있게 되었다.

칭찬에 우쭐대는 사람은 그 반대의 상황에 놓였을 때 크게 슬퍼지거나 우울해진다. 외부 상황에 동요하지 않고 그냥 '나는 나'라는 마음가짐을 지녀야 한다. 내면의 평화와 건강한 마인드를 유지하는 것은 성공의 지름길이다.

사람마다 마음을 편하게 만드는 방법은 모두 다를 것이다. 중요한 것은 의식적으로 행해야 한다는 점이다. 그래야 마음을 복잡하게 하는 대상으로부터 자유로워질 수 있다. 나는 정신 건강에 도움이 되면서도 마음의 평화를 이루는 방법으로 여덟 가지를 실천하고 있다. 명상, 음악, 긍정, 요가, 독서, 봉사와 기부, 여행, 운동이 바로 그것이다. 내가 이렇게 마음의 평화를 위해 행동하는 여덟 가지의 방식을 정해놓은 것은, 시간을 허비하지 않고 즉각 실천하기 위해서다. 당신도 평온한 마음을 위한 자신만의 루틴을 정하라. 그래야 마음이 요동칠 때 세숫대야에 담긴 물이 아닌 호수 같은 마음을 가질 수 있다.

인생의 수레바퀴에 대한 당신의 진단은 어떠한가? 바퀴가 잘 굴러가고 있는가? 바퀴의 모양이 삐뚤빼뚤한 사람도 있을 테고, 어느 정도 원형을 갖춘 사람도 있을 것이다. 중요한 건 지금부터다. 5~10년 안에 중장기 목표를 설정하여 그때에는 인생의 수레바퀴가 완전한 원형이 될 수 있도록 디자인해야 한다.

다만 수레바퀴의 모든 영역을 한꺼번에 향상시키려고 하지 말고 우선 그중 한 가지를 최고 수준으로 만들어라. 그러면 그 뒤에 오는 영역은 절로 향상될 것이다. 예를 들어 나는 가장 먼저 개인 재정 상태와 직업과 미션에 대해서 5년 동안 내가 목표한 수준을 이루었다. 그리고 나머지는 하나씩 이루었다.

당신의 뜨거운 의지를 격려하고 응원하고자 한 가지 조

언하자면, 건강한 수레바퀴를 만드는 과정에 진지하고 깊은 심도로 임하라. 가능한 한 외부의 자극 없이 온전히 홀로 있는 상태에서 어떻게 하면 동그란 수레바퀴를 만들 수 있을지 스스로에게 묻고 답해보길 권한다. 답한 후에는 수레바퀴가 원형이 되었을 때를 상상하며 자신의 길을 묵묵히 나아가길 바란다. 울퉁불퉁하고 못생긴 수레바퀴를 가졌던 내가 성공했듯이 당신도 그렇게 할 수 있다.

나는 당신을 믿는다.

내가 센강에서
한번 죽었듯이

　우리는 지금, 그야말로 격정의 시대를 살고 있다. 팬데믹, 경기 불황, 저출산, 고령화, 환경 문제 등 어느 하나 확실한 키를 가지지 못한 채 그때그때 상황에 따라 노도와 같은 감정과 싸우고 있기 때문이다. 이런 시대 상황은 개인의 내면까지 깊숙하게 침투되어, 경직되고 편협한 삶의 태도를 야기했다.

　이미 많은 사람이 살아야 할 이유를 잃고 하루하루를 연명하듯 살고 있다. 그나마 이는 괜찮은 편에 속한다. 어떤 사람들은 격정의 시대에 반항하기라도 하듯 스스로 자기 목숨을 끊고 있다. 그럴 때마다 나는 같은 인간으로서 깊은 고뇌에 빠진다.

먹고사는 일은 가장 단순하게 보이지만 그 자체로 위대한 일이다. 세상에 태어나 자기가 먹을 것을 구하는 행위는 인간으로서 품위를 지키는 것이다. 내게 주어진 삶을 포기하지 않겠다는 의지이자 인류의 구성원으로서 책임과 의무를 다하겠다는 다짐의 표현이다.

우리가 겪는 고통의 많은 부분은 문제를 바라보는 관점이 좌우한다. 그렇기에 문제 자체가 우리에게 고통을 주는 것이 아니라 그것을 바라보는 태도가 중요하다는 말을 하고 싶다. 내일 더 행복한 삶을 원한다면 우리는 부단히 살아내야 한다. 나의 삶을 귀하게 여기는 마음, 그 마음이 원하는 것을 이루는 시작점이 될 것이다.

요즘 내가 많이 받는 사연 중 하나는 코로나19와 관련된 것이다. 예상할 수 없었고 준비되지 않은 상태에서 터진 팬데믹은 정말로 많은 문제를 일으켰다. 다른 건 제쳐두더라도 전 세계적인 실직과 폐업, 그리고 부채 상승은 앞날에 대한 불안을 증폭시켰다. 내일이 기대되지 않는 것, 이것만큼 두려운 게 또 있을까.

코로나19가 장기화되면서 실직하거나 사업에 실패했다는 분, 우울증에 걸렸다는 분, 꿈은 크지만 미래가 막막하다는 분들을 보며 마음이 좋지 않았다. 그 답답하고 힘든 마음을 나도 겪어 보았기 때문이다. 그래도 다시 한번 삶을 살아보겠다는 뜨거운 열망이 나에게 큰 자극을 주었다. 그래서 가슴이 뭉클해질 때도 있었다. 한번은 어떤 청년에게 이런 질문을 받았다.

"제 스스로가 너무 작아지는 것 같아요.
회장님이 저라면 뭐부터 하실 건가요?"

이 청년은 어렸을 때부터 넓은 세상을 동경했다. 세계를 마음껏 누비고 싶어 했을 정도로 진취적이었다. 실제로 항해사가 되어 바다를 누비며 더 큰 목표를 위해 정진했다. 하지만 왠지 모르게 이 청년은 중요한 것을 놓치고 있다는 느낌을 받았다. 그래서 바다를 매일 바라보며 자신의 삶에서 정말 중요한 게 무엇인지 자문했다. 그러다 하고 싶었던 일을 찾기 위해 항해사를 그만두었다.

기대와는 달리 모든 게 순조롭지 않았다. 청년은 어떻게든 자신의 목표를 위해 사활을 걸었지만, 어느 하나 잘 풀리는 일이 없었다. 창창할 줄 알았던 미래가 땅에 떨어지는 듯한 느낌을 받았다. 그 청년은 자신의 선택에 대한 막심한 후회와 미래에 대한 불안만 가지고 한국으로 돌아왔다. 하지만 진짜 문제는 그다음이었다. 상대적으로 위축된 상황에서 남과 자신을 비교하기 시작한 것이다.

나는 그 마음을 충분히 이해하고 공감했다. 나 역시 내 자신이 한없이 작아지고 형편없어지는 마음과 그렇게 생각하고 싶지 않지만 자꾸만 스스로를 괴롭히는 생각의 나열로 어려운 시절을 보냈다. 무엇보다 자신의 선택을 후회하고 자꾸 과거의 영광을 되찾으려고 하는 게 어떤 심정에서 비롯된 일인지 나는 잘 알고 있었다.

시간이 흐르면서 우리의 삶은 무수한 어려움과 맞닥뜨리게 된다. 청년은 나에게 지금 겪고 있는 어려움을 고백했지만 사실 그 청년이 살아온 인생과 앞으로 살아갈 인생에 또 얼마나 많은 어려움이 따르겠는가. 그러나 우리가 고난, 상처, 불행이라고 부르는 것들은 있다가 없어지기를 반복하는 속성을 가지고 있다. 그래서 그럴 때일수록 내가 가고자 하는 가장 이상적인 상태를 상상하며 나아가야 한다. 어차피 사라질 것이기 때문이다.

정말 다행인 건 나 혼자만 힘든 게 아니라는 사실이다. 나는 그 청년의 사연을 들었을 당시 남미 지역에 있었는데, 그곳의 상황은 우리나라보다 훨씬 더 심각했다. 실직과 폭동, 약탈이 자행되었고 사람들의 눈빛엔 살기가 가득했다. 서로가 서로를 믿지 못했고 언제든 마음만 먹는다면 오늘의 아군이 내일의 적군이 될 수 있는 분위기였다.

내가 정말 힘든 것 같지만 따지고 보면 나보다 상황이 더 안 좋은 사람이 많다. 내가 이런 말을 하는 이유는 당신보다 상황이 나쁜 사람이 많으니 그걸 거울삼아 감사하고 만족하라는 말을 하려는 게 아니다. 내가 전하고 싶은 메시지는 자기의 삶을 절대 하찮게 여기면 안 된다는 것이다. 아무리 어렵고 힘든 상황에서라도 자기의 가치를 믿고 나아가는 사람은 반드시 목표를 이룬다.

자신의 삶을 귀하게 여기려면 전반적인 생애에 대해 가

치와 의미를 부여해야 한다. 웰씽킹을 통해 왜 사는지를 끊임없이 상기함으로써 살아갈 힘을 얻어야 한다. 아래에 나이대별로 의미 있는 삶을 위한 목적의식을 제안한다.

나이대별 삶의 목적의식

- 10대는 학교 공부로 인생을 배워서
  자립하는 법을 배운다.
- 20대는 직업을 가지고 금전적으로 독립하며
  다양한 도전과 경험을 쌓는다.
- 30대는 직업의 롤모델 또는 멘토에게 배워서
  내가 종사하고자 하는 업계의 최고가 되어야 한다.
  이는 인생을 복리로 사는 준비 과정이다.
- 40대는 반드시 업계 최고가 되어
  죽을 때까지 먹고살 돈을 벌어야 한다.
- 50대 이후부터는 봉사하는 기간이다.
  내가 얻은 노하우를 세상에 다시 돌려줘야 한다.

사람은 누구나 자기 삶을 완성하는 과정에서 다른 이의 인생에 다리 역할을 해야 한다. 나 혼자서 쭉쭉 나아가는 게 아니라, 인생의 벽에 가로막힌 사람을 위해 함께 고민하고 기다리며 헌신할 줄 알아야 한다는 의미다. 내가 가진 노하우를 다시 세상에 돌려주는 과정이 가장 중요하다. 내가 지금 『웰씽킹』이라는 책을 쓰는 것도 그 때문이다.

행복한 일상 속에 있더라도 노력하지 않는다면 삶은 한순간에 무너질 수 있다. 그래서 목표를 이루는 것보다 중요한 것이 고난을 이겨내는 힘이다. 고난을 이겨내려면 살아야 할 이유를 명확히 알아야 한다. 특히 당신이 유일무이하고 가능성이 무궁무진한 존재라는 것을 스스로 믿어야 한다.

원하는 것을 얻으려면 먼저
당신부터 귀하게 여겨라.
삶을 하찮게 여기는 순간,
사람은 그때 죽는다.

내가 센강에서 한번 죽었듯이.

나는 그때 동행의
아름다움을 배웠다

2020년 여름, 아주 특별한 일이 일어났다. 대한민국 꿈 대표 켈리스가 출범했기 때문이다. 내가 인스타그램을 통해 생각 파워와 웰씽킹 콘텐츠를 업로드하고 응원의 마음이 가득 담긴 이벤트를 진행했던 이유는 순전히 누군가에게 힘이 되어주기 위해서였다. 그리고 이를 통해 어려운 시국에 함께한다면 무엇이든 이겨낼 수 있다는 것과 삶을 발전시킬 자기계발도 가능하다는 걸 보여주려 했다. 나는 그 누구보다 뼈저린 좌절을 맛보았기에, 얼마나 많은 사람이 애

타게 구원의 손길을 필요로 하는지 잘 알고 있었다. 그래서 나는 그동안 쌓은 노하우를 공유했다.

누군가는 이런 나를 보고 의아해하며 이해할 수 없다고 생각했을지도 모르겠지만, 나는 그냥 그래야 된다고 생각했다. 내가 가진 걸 나누고 공유해서 누군가 다시 살아갈 수 있다면 그것만큼 의미 있는 일은 없다고 믿는다. 각기 다른 사람이 하나가 되는 것만큼 기적 같은 일도 없으니 말이다. 그랬더니 많은 분께서 나를 응원하기 시작했다. 가장 가슴 벅찼던 순간은 많은 사람이 나의 이런 선한 마음에 동참했을 때였다.

나는 그때 동행의 아름다움을 배웠다. 아무리 좋고 선한 일이라고 할지라도, 혼자 하는 것과 함께하는 것은 큰 차이가 있었다. 나와 같은 뜻을 가진 사람들이 있다는 그 자체만으로도 마음의 위안이 되었고 힘이 넘쳤다. 한편으로는 회의감이 들었던 나의 신념이 증명되는 순간이었고, 무엇보다 웰씽킹이 확장되는 순간이었다. 그렇게 '우리는 하나'라는 뜻을 담은 켈리스가 만들어졌다.

웰씽킹의 진정한 힘은 선한 영향력이 전달될 때 극에 달

한다. 너와 내가 아닌 우리라는 개념이 삶의 태도로 확고해질 때, 비로소 잠긴 문을 열 권한을 쥐여준다. 당신이 웰씽킹을 체득하며 알게 될 가장 위대한 성공은 다른 사람들의 성공과 성장을 도모하는 것이다. 모든 사람은 본디 하나이며 우주의 에너지로 서로 연결되어 있다. 그래서 공생의 중요성을 깨닫고 공헌하는 순간 웰씽킹이 완성된다.

부를 끌어당긴다는 것은 곧 사람으로서의 도리를 하는 것이며, 부에 대한 태도가 언제나 건전하다는 것을 의미한다. 그래서 우리가 맛볼 진정한 부는 사람을 통해 완성된다. 사치와 향락의 세계에서 부를 과시하면 일시적으로 즐거울지 모르나 진정한 부를 맛보기는 어렵다.

나는 켈리스와 함께 온 우주의 좋은 기운을 나누기 위해 노력한다. 전 세계에서 활동하는 켈리스는 세상을 이원화하지 않고 오직 사람을 살리는 것을 궁극의 목표로 삼는다. 모든 사람이 꿈을 이루고 부를 끌어당기는 웰씽커Wealthinker가 되길 바라기 때문이다.

결국은 사람이 답이다. 사람의 마음과 마음은 서로 연결되어 있어서 누구에게든 흐를 수 있다. 당신과 내가 이 얇은 종이 위에 새겨진 활자로 이어진 것처럼 말이다. 그래서 사람의 마음을 얻지 못하고서는 크게 성공할 수 없다. 이 세상은 크고 넓다. 당신이 가질 재물도 충분하다. 다른 사람에게 꽉꽉 채워줘도 당신 몫은 반드시 남아 있다. 그러므로 타인의 텅 빈 마음의 곳간을 채워주기 위해 의식적으로 노력하라. 채워주는 즉시 당신의 곳간에도 부와 기쁨이 가득 찰 것이다.

당신을 위해 웰씽커 스피릿과 아홉 가지 선언문을 준비했다. 이는 부를 갖추기 위해 지녀야 할 기본적인 정신이다. 켈리스에게 가장 많이 받는 단골 질문이 있다. 언제부터 어떤 마음으로 어떻게 성공하게 됐으며, 무엇을 달리해서 그렇게 짧은 시간에 큰 부를 이루었냐는 물음이다. 너무 자주 받는 질문이었기에 그 질문에 대한 답으로 웰씽커 스피릿과 아홉 가지 선언문을 정리했다.

어떤 사람들은 내용이 너무 거창하다고 생각할 수도 있다. 또 어떤 사람들은 우선 자신부터 성공한 다음 타인과 지구에 이로운 일을 하는 게 순서라고 말할 수도 있을 것이다. 하지만 그런 얕은 마음으로는 큰 부를 담을 수 없다.

나는 웰씽커 스피릿과 선언문을 마음에 새기며 사업을

구상했다. 타인을 사랑하며 내 이익만을 위해 지구의 환경을 해치지 않겠다고 스스로에게 맹세했다. 무엇보다도 있는 그대로의 나 자신을 사랑하기로 결단했다. 그 결과 오늘에 이르렀다.

내가 언제부터 성공하기 시작했는지 반추해보다가 문득 이런 깨달음을 얻었다. 나를 위해서 성공하려고 할 때는 그렇게 성공에서 멀어지는 것 같더니, '우리'를 생각하게 된 다음부터는 성공이 연이어 다가왔다는 사실 말이다. 나부터 살고 보자는 사람은 큰 성공에서 멀어진다. 반면 우리를 생각하는 사람에게는 성공이 절로 따른다.

웰씽커 스피릿과 아홉 가지 선언문을 아침저녁으로 읽으며 생각의 뿌리를 건강하게 내리길 바란다. 당신의 마음은 호수와 같이 넓어질 것이고, 당신은 풍요로운 부를 가진 웰씽커가 될 것이다. 이 조언이 당신의 부의 길에 조금이나마 도움이 되길 희망한다.

웰씽커 스피릿

- 여러분은 곧 저 켈리이며 저는 곧 여러분입니다.

- 웰씽커는 '우리는 하나입니다'라는 뜻을 가지고 있습니다.

- 웰씽커는 현재 있는 그대로의 나 자신을 사랑합니다.

- 웰씽커는 도전과 실패를 거듭하며
  실패 속에서 배우는 것을 즐깁니다.

- 웰씽커는 성장하는 것이 곧 행복이라는 것을 알고
  오늘보다 내일 더 성장하기 위해 노력합니다.

- 웰씽커는 목표를 뚜렷하게 설정하고 목표에 따른 행동을
  계속하다 보면 성공하고 꿈을 이루며
  행복한 부자가 될 것을 한 치의 의심 없이 믿습니다.

- 웰씽커는 사회에 공헌하고 나눔을 실행하는
  진정한 미래의 리더입니다.

웰씽커 아홉 가지 선언문

1. 나 웰씽커는
   나의 있는 모습 그대로를 사랑합니다.

2. 나 웰씽커는
   도전하고 배우는 것을 즐기며
   실패를 두려워하지 않습니다.

3. 나 웰씽커는
   성장이 행복이라는 것을
   뼛속 깊이 알고 있습니다.

4. 나 웰씽커는
   끈기 있게 지속하는 힘을 계속 기를 것이며,
   한번 한다면 하는 사람이 될 것입니다.

5. 나 웰씽커는
   매사에 긍정적이며 문제에 부딪쳤을 때
   모든 문제에는 답이 있다는 것을 알고
   혁신적으로 답을 찾도록 노력할 것입니다.

6. 나 웰씽커는
내가 가진 재능을 통하여
선한 영향력으로 사회에 공헌하는 사람이 되겠습니다.

7. 나 웰씽커는
세계적인 시야를 가지며,
전 세계의 웰씽커를 응원하고
그들과 함께 성장할 것입니다.

8. 나 웰씽커는
사람과 지구에 이로운 선한 꿈을 꿀 것입니다.

9. 나 웰씽커는
지구의 보존을 위하여 모든 노력을 하고
환경을 해치는 행동은 하지 않을 것이며,
사람에게 이롭게 하고 모든 선한 꿈을
반드시 이루며 살 것입니다.

WEALTHINKING

"공헌하는 자가 곧 웰씽커다!"

위대한 성공은 사람을 위하는 마음에서 비롯된다. 성공을 이룬 사람들은 박애정신이 강하다는 특징을 갖고 있다.

성공하기 전까지의 나는 오직 나를 위해 성공하고 싶었다. 치열한 삶의 현장에서 생존 전투를 치르는 내가 누군가의 행복을 바란다는 건 사치였다. 하루빨리 꿈을 이루고 성공하는 게 삶의 최대 목적이었다. 어렵고 힘들었던 과거를 지우고 보란 듯이 성공해 부를 거머쥐고 싶었다. 하지만 무슨 이유에서인지 더 열심히, 더 최선을 다할수록 성공은 멀어져만 갔다. 마치 영원히 잡을 수 없을 것처럼 그렇게 말이다.

나는 크게 실패한 후, 2년 동안 마음이 뇌사 상태에 빠져 있었다. 조그마한 시골에서 태어난 내가 깡다구 하나로 버텨온 길인데 모든 게 허무해졌다. 결과가 이럴 거라면 왜 그렇게 악착같이 살았을까 하는 마음으로 지난날을 부정했다. 무엇보다 그렇게 열심히 살았는데도 성공하지 못하는 이유를 알 수 없어 많이 괴로웠다. 나는 계속 나 자신에게 물었다.

"네가 할 수 있는 게 뭐야?"
"네가 빚을 갚을 방법이 있어?"
"너를 고용할 사람이 있기나 해?"

질문에 질문을 더할수록 칠흑 같은 블랙홀에 빠져들어 곧 사라질 것만 같았다. 하지만 다행히도 엄마를 위해 살겠다고 정신을 차렸을 때, 질문이 바뀌었다.

"산다는 게 무엇일까?"

"어떻게 살아야 내가 살고 있는 곳에 기여할 수 있을까?"

"타국에서 고생하는 나 같은 아시아인을 위해 무엇을 할 수 있을까?"

"지구를 보호하면서도 사람에게 좋은 것을 만들 수 있을까?"

그때 나는 '나'에서 '너'로 방향이 바뀐 질문 자체가 성공한 사람들의 자질이라는 것을 전혀 알지 못했다. 예전의 나는 이미 죽은 사람이었고 다른 사람을 위해 여생을 살겠다는 마음, 오직 그것뿐이었다. 나만 생각했던 삶이 너와 우리를 생각하는 삶으로 변한 순간이었다.

생각이 달라지자 내 행동 또한 아주 구체적으로 달라졌다. 어떤 궂은일을 하더라도 콧노래가 절로 나왔다. 힘들고 어려운 일이라고 느끼면 솔선수범했다. 예전의 나는 다른 사람을 마음에 두지 않았기 때문에, 조금이라도 언짢은 일이 생기면 욕부터 튀어나왔다. 세상에 저주를 일삼았고 사람들과 시시비비를 버릇처럼 따졌다. 하지만 더 이상 그런 나를 볼 수 없었다. 나를 통해 단 한 명이라도 행복할 수 있다면 나는 그게 무엇이든 능히 해냈다.

유럽에 사는 아시안 커뮤니티를 위한 일, 고객을 진심으로 위하는 일, 직원들을 성장시키고 꿈을 이루게 돕는 일, 건강한 음식을 만드는 일, 지구의 환경을 파괴하지 않는 일, 이 모든 게 다시 살아난 내가 생각하는 것들이었다. 나는 그때 주면 줄수록 넘쳐나는 게 사랑이라는 걸 깨달았다. 줌으로써 큰 행복을 얻는 유일한 일이 바로 사랑이었다. 그리고 얼마 지나지 않아 나는 내가 이루고 싶은 모든 걸 이루게 되었다. 갖고자 할 때는 도망가던 성공과 행복이, 주고자 하니 슬며시 다가와 더 많은 걸 주었다.

사람을 사랑하지 않고 장기적으로 성공하는 사람은 없다. 나는 그래서는 안 된다고 본다. 그렇다면 왜 사람을 위하는 일이 성공할 수밖에 없을까? 만물 중에서 인간이 멸종하지 않고 살아남을 수 있었던 이유는 바로 사랑이 있었기 때문이다. 우물가로 향하는 어린아이를 지켜만 볼 수 없는 측은지심이 마음의 중심에 자리 잡고 있어서 살아남을 수 있었던 것이다.

성공한 사람들의 강연을 듣고자 미국에 갔을 때의 일이다. 토니 셰이라는 CEO를 보고 공헌에 대하여 깊은 깨달음을 얻었다. 자포스Zappos 창업자인 그는 대만계 미국인이었는데, 인터넷에서 신발 사업을 시작한 지 10년도 되지 않아 아마존에 회사를 12억 달러에 매각하며 억만장자가 되었다. 신발 사업으로 아마존의 눈에 띄다니 정말 놀랍지 않은가.

하지만 이보다 더 놀라운 것은 그의 인간미 넘치는 경영 철학에 있었다. 토니 셰이는 스스로를 행복 배달부라고 불렀다. 나는 이 단어를 듣자마자 미소를 감출 수가 없었다. 단순히 신발을 팔아 부자가 되겠다는 게 아니라 신발을 통해 고객들에게 행복을 전하고자 하다니, 그에게 존경심이 들었다. 모르긴 몰라도 아마존은 자포스의 사업 가능성뿐만 아니라 사람을 귀하게 생각하는 철학을 산 것이라고 생각한다. 이런 선한 영향력이 토니 셰이를 억만장자의 반열에 올린 것이다.

자포스가 얼마나 사람을 중요하게 생각했는지 잘 나타내는 일화가 있다. 어떤 고객이 자기 노모에게 선물하려고 신발을 주문했는데, 슬프게도 신발이 도착하기도 전에 노모가 돌아가시고 말았다. 장례와 유산 정리 등 많은 시간을 보낸 후 고객은 그 신발을 발견했다. 정신을 차리고 나서야 신발을 주문했다는 걸 알게 된 것이다. 고객은 그 신발을 볼 때마다 노모 생각에 가슴이 미어지게 아팠다. 그래서 자포스에 전화해 자초지종을 설명하고 환불을 요청했다. 다른 회사였다면 이미 많은 시간이 지나서 안 된다고 딱 잘라 말했을 텐데, 자포스 직원들은 바로 환불을 처리한 뒤 손편지와 꽃다발까지 선물로 보내며 고객을 위로했다.

나는 이 이야기를 듣고 크게 감동했다. 사람에게 행복을 배달하는 일은 순간적으로 손해를 보는 것처럼 느껴지겠지만, 몇 배의 복리로 다시 돌아온다. 실제로 자포스의 행복을 받은 그 고객은 감동적인 스토리를 전파했고, 자포스의 기업 이미지는 크게 향상되었다. 토니 셰이는 수많은 인터넷 판매 사업자들과 어떤 점이 달랐을까? 그것은 바로 인류애, 사람을 진심으로 사랑하는 정신이었다.

토니 셰이는 젊은 나이에 불운의 사고로 유명을 달리했지만, 행복을 배달한다는 그의 정신은 그대로 남아 있다. 특히 그는 직원들에게 공헌하는 것을 중요하게 생각하여 '직원에게 자기희생을 강요하지 말 것', '개인의 이익이 아닌 직원의 행복으로 생각하게 할 것', '직원들의 마음을 먼저 얻을 것'이라는 경영 철학으로 직원들을 포용했다. 그가 단순히 자신의 성공을 바라고 일했다면, 이렇게 많은 사람이 그의 이름을 기억하지는 않았을 것이다. 우리가 '나'가 아닌 '너'를 중요하게 생각해야 하는 이유다.

사람은 그 자체로 귀한 존재다. 당신을 성공으로 이끌 웰씽킹의 마지막 힌트는 사람을 귀하게 여기는 데 있다. 회사나 조직에서 수많은 리더들을 경험했지만, 관리자가 되었다고 그 사람이 진정한 리더가 되는 것은 아니었다. 아무리 큰 성과를 낸다고 할지라도, 구성원에게 공헌하지 않고 성과를 이루는 과정에서 사람을 쏙 뺀다면 속 빈 강정이나 다름없다.

내가 이 책의 마지막 메시지를 공헌으로 정한 것도 그런 이유에서다. 세상은 서로 다른 객체의 집합이 아닌 하나의 유기체로 이루어져 있다. 우리 몸의 각 기능이 이름도 모양도 다르다고 해서 분리되었다고 생각하지 않듯 이 세계도 마찬가지다. 우리는 서로 이름이 다르고 얼굴이 다를 뿐, 각자의 위치에서 소명을 완수하며 살아간다. 나는 이것을 깨닫는 데 참으로 오랜 시간이 걸렸다.

왼쪽 어깨가 아프면 오른손으로 두드리고 두통이 오면

두 손이 머리를 받쳐주듯이, 우주는 하나이기에 세상에 존재하는 모든 것이 서로에게 힘과 위로가 될 수 있다. 그런 의미에서 나는 공헌을 중요하게 생각한다. 결국 부자가 되는 일도 나 혼자서는 불가능한 일이 아니겠는가.

그러므로 많이 공헌하고 끊임없이 베풀길 바란다. 항상 어려웠던 당신의 삶을 반추하면서 누군가에게 힘이 되어줘라. 넘어진 자를 일으키고 굶주린 자에게 베풀어라. 내가 가진 선한 영향력으로 다른 사람을 살릴 수 있다면, 그것만큼 완벽한 삶은 없다. 그 누구보다 가난했고 볼품없던 나도 했으니 당신도 해낼 수 있다.

"공헌하는 자가 곧 웰씽커다!"

이 마지막 메시지를 가슴에 품고
당신도 기꺼이 웰씽커가 돼라.

부를 창조하는 생각의 뿌리

웰씽킹

초판 1쇄 발행 2021년 11월 10일
초판 112쇄 발행 2024년 8월 1일

지은이 켈리 최
펴낸이 김선식

부사장 김은영
콘텐츠사업2본부장 박현미
디자인 마가림 **책임마케터** 최혜령
콘텐츠사업9팀장 차혜린 **콘텐츠사업9팀** 강지유, 최유진, 노현지
마케팅본부장 권장규 **마케팅1팀** 최혜령, 오서영, 문서희 **채널1팀** 박태준
미디어홍보본부장 정명찬 **브랜드관리팀** 안지혜, 오수미, 김은지, 이소영
뉴미디어팀 김민정, 이지은, 홍수경, 서가을
크리에이티브팀 임유나, 변승주, 김화정, 장세진, 박장미, 박주현
지식교양팀 이수인, 염아라, 석찬미, 김혜원, 백지은
편집관리팀 조세현, 김호주, 백설희 **저작권팀** 한승빈, 이슬, 윤제희
재무관리팀 하미선, 윤이경, 김재경, 임혜정, 이슬기
인사총무팀 강미숙, 지석배, 김혜진, 황종원
제작관리팀 이소현, 김소영, 김진경, 최완규, 이지우, 박예찬
물류관리팀 김형기, 김선민, 주정훈, 김선진, 한유현, 전태연, 양문현, 이민운
외주스태프 삽화 제니곽(@jennykwak_)

펴낸곳 다산북스 **출판등록** 2005년 12월 23일 제313-2005-00277호
주소 경기도 파주시 회동길 490 다산북스 파주사옥
전화 02-704-1724 **팩스** 02-703-2219 **이메일** dasanbooks@dasanbooks.com
홈페이지 www.dasan.group **블로그** blog.naver.com/dasan_books
종이 스마일몬스터 **인쇄** 민언프린텍 **제본** 국일문화사 **코팅·후가공** 제이오엘앤피

ISBN 979-11-306-7777-4 (03190)

다산북스(DASANBOOKS)는 책에 관한 독자 여러분의 아이디어와 원고를 기쁜 마음으로 기다리고 있습니다.
출간을 원하는 분은 다산북스 홈페이지 '원고 투고' 항목에 출간 기획서와 원고 샘플 등을 보내주세요.
머뭇거리지 말고 문을 두드리세요.